KB142570

# 그리스 로마 신화
## 인물사전

신화는 진실을 보는
눈을 길러준다

# 그리스 로마 신화
# 인물사전 2ㄹ

박규호 · 성현숙 · 이민수 · 김형민 지음

한국인문고전연구소

# 차례

일러두기

1. 본문의 인명 및 지명은 그리스어와 라틴어를 혼용하여 쓰고 있으나 원전을 살리되, 통용되는 명칭은 그대로 사용하였다.

2. 본문의 서명書名은 『 』, 음악 미술 등의 작품명은 〈 〉로 표기한다.

3. 본문의 그림 설명은 작품 제목, 종류, 작가 이름, 제작 시기, 보관처출처, 기타 설명 순이다.

ㄹ

그 리 스 로 마 신 화 인 물 사 전

Greek Roman mythology Dictionary

# 라다만티스 Rhadamanthys

요약

그리스 신화에 나오는 현명한 왕이자 저승의 심판관이다.

기본정보

| 구분 | 왕 |
|---|---|
| 상징 | 현자, 심판관 |
| 외국어 표기 | 그리스어: Ῥαδάμανθυς |
| 관련 신화 | 에우로페, 미노스 |
| 가족관계 | 제우스의 아들, 에우로페의 아들, 미노스의 형제, 사르페돈의 형제 |

인물관계

라다만티스는 제우스와 에우로페 사이에서 난 아들로 미노스, 사르페돈과 형제지간이다. 그는 암피트리온의 아내였던 알크메네와 결혼하여 고르티스와 에리트로스를 낳았다.

# 신화이야기

## 개요

라다만티스는 제우스와 에우로페 사이에서 났다. 어머니 에우로페는 나중에 크레타의 왕 아스테리오스와 결혼하여 그녀의 세 아들은 아스테리오스의 슬하에서 의붓아들로 성장한다. 아스테리오스에 이어 크레타의 왕이 된 라다만티스는 크레타를 공정하고 정의롭게 다스리고 훌륭한 법전도 만들어 이곳을 여러 도시들의 모범이 되게 하였다. 크레타 법전은 나중에 스파르타가 모방해서 사용했다.

라다만티스는 사후에 하데스의 나라에서 죽은 자들을 심판하는 저승의 심판관이 되었다. 또 다른 이야기에 따르면 그는 이 세상의 삶을 끝내고 '복 받은 땅' 엘리시온으로 가서 그곳의 심판관이 되었다고도 한다.

그리스 신화에서 라다만티스는 현명하고 공정한 통치자의 대명사로 간주된다. '엄정한', '강직한'을 뜻하는 영어 'rhadamanthine'은 그의 이름에서 유래한다.

## 크레타에서 추방되다

크레타의 왕 아스테리오스는 세 의붓아들 중 지혜와 정의감이 남다른 라다만티스를 후계자로 삼았다. 하지만 왕의 사후에 세 형제간에 왕위 계승을 둘러싼 다툼이 벌어졌고, 라다만티스는 동생 미노스에게 왕위를 빼앗기고 에게 해 남쪽에 있는 섬으로 도망 가 그곳을 다스리게 된다. 그곳 주민들은 전부터 그가 제정한 법률에 대해 존경심을 품고 있던 터라 그가 도착하자 자신들의 왕으로 삼았다.

또 다른 이야기에 따르면 라다만티스, 미노스, 사르페돈 형제는 모두 아름다운 소년 밀레토스를 사랑하여 서로 그를 차지하려고 싸움을 벌였다고 한다. 밀레토스는 지혜로운 라다만티스와 미노스를 제쳐

두고 마음이 따뜻한 사르페돈을 선택했고, 이에 격분한 미노스가 사르페돈과 라다만티스를 크레타에서 추방했다.

사르페돈은 밀레토스와 함께 소아시아로 도망가서 그곳에 각각 밀레토스와 리키아라는 도시를 세웠고, 라다만티스는 보이오티아로 도망 가 그곳에서 암피트리온과 사별하고 홀몸이 된 알크메네와 결혼하여 고르티스와 에리트로스를 낳았다. 일설에는 두 사람의 결합이 이승에서의 삶을 마치고 엘리시온에 들어간 뒤에 이루어졌다고도 한다.

### 저승의 심판관

라다만티스는 죽은 뒤에 하데스의 나라에서 미노스, 아이아코스와 함께 망자들이 지상에서 한 행적을 심판하는 저승의 심판관이 되었다고 한다. 이때 라다만티스는 아시아인을, 아이아코스는 유럽인을 각각 심판했으며, 미노스에게는 캐스팅보트가 있었다. 베르길리우스는 『아이네이스』에서 라다만티스를 죽은 자들의 심판관이자 처벌자로 묘사하고 있다.

호메로스는 『오디세이아』에서 그가 엘리시온 들판에 살고 있다고 하였고, 핀다로스는 그가 이제는 엘리시온의 왕이 된 크로노스의 오른팔이 되어 영혼의 심판자 노릇을 하고 있다고 했다.

**라다만티스, 미노스, 아이아코스의 심판**
장 이냐스 이지도르 그랑빌(Jean Ignace Isidore Gerard Grandville)의 삽화

**저승의 심판관 미노스, 아이아코스, 라다만티스**
루트비히 마크(Ludwig Mack), 1829년

## 신화해설

　라다만티스의 신화는 크레타 문명의 전성기를 이끌었던 미노스왕의 신화와 부분적으로 중복된다. 가령 현명하고 공정하게 나라를 다스리고 다른 그리스 도시국가들이 모범으로 삼은 법전을 제정하였다는 이야기와 사후에 저승에서 심판관이 되었다는 이야기가 그렇다.

　저승의 심판관은 미노스와 라다만티스 외에 이복형제 아이아코스까지 세 명으로 설정되기도 하는데, 이는 고대인들이 좋아하고 신성시했던 숫자 3을 맞춘 것으로 보인다. 학자들은 미노스와 라다만티스의 신화 속 이미지가 중복되는 현상을 미노스 신화가 세력을 확장하면서 라다만티스의 신화 일부를 흡수한 것으로 보고 있다.

　고대 크레타 신화에서는 둘이 서로 다른 시기에 살았던 인물이며 형제도 아닌 것으로 나온다. 이것은 오랜 시간에 걸쳐 마치 살아있는 생명체처럼 나고 자라고 죽는 과정을 밟는 신화에서 흔히 발견되는 현상이다.

# 라돈 Ladon

## 요약

그리스 신화에 등장하는 용이다.

헤스페리데스의 정원에 있는 헤라의 황금사과를 지키다 헤라클레스에게 죽임을 당했다. 헤라의 황금사과는 대지의 여신 가이아가 제우스와 헤라의 결혼을 축하하여 헤라에게 선물한 것인데, 이 황금사과를 가져오는 것은 헤라클레스의 12과업 중 하나였다.

## 기본정보

| 구분 | 괴물 |
|------|------|
| 상징 | 성물의 수호자 |
| 외국어 표기 | 그리스어: Λάδων |
| 별자리 | 뱀자리 |
| 관련 상징 | 사과나무 |
| 관련 신화 | 헤라클레스의 12과업 |
| 가족관계 | 포르키스의 자식, 케토의 자식, 티폰의 자식, 에키드나의 자식 |

## 인물관계

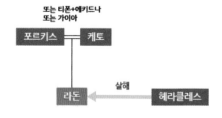

라돈의 부모에 대해서는 몇 가지 이야기가 있다.

헤시오도스는 『신들의 계보』에서 라돈을 가이아와

해신 폰토스 사이에서 태어난 남매 포르키스와 케토스가 사랑을 나누어 낳은 자식으로 에키드나, 고르고네스 등과 형제지간이라고 했지만, 아폴로도로스와 히기누스 등은 라돈을 뱀의 형상을 한 괴물 티폰과 에키드나의 자식으로 기술하고 있다. 그밖에도 가이아가 혼자 낳은 자식이라는 이야기도 있다.

## 신화이야기

### 헤라클레스의 12과업

헤라클레스는 헤라 여신의 저주로 광기에 사로잡혀 자기 자식들을 모두 죽인 뒤 그 죄를 씻기 위해 미케네의 왕 에우리스테우스의 노예가 되어 그가 시키는 일들을 해야 했다. 에우리스테우스는 헤라클레스에게 열 가지의 몹시 어려운 과업을 부과했는데 이는 결과적으로 헤라클레스를 그리스 최고의 영웅으로 만들어 신의 반열에 오르게 해준다.

**헤라클레스와 라돈**
로마 시대 후기 테라코타
뮌헨 국립고대미술박물관

에우리스테우스가 애당초 부과했던 열 가지 과업은 그가 두 가지 과업의 성과를 부정했기 때문에 열두 가지로 늘어나 '헤라클레스의 12과업'이라고 불린다. 괴물 용 라돈이 지키고 있는 헤스페리데스 정원의 황금사과를 가져오는 것은 헤라클레스에게 부과된 열한 번째 과업이었다.

### 헤스페리데스의 정원에서 황금사과를 지키는 라돈

헤라의 황금사과는 대지의 여신 가이아가 제우스와 헤라의 결혼을 축하하여 선물한 것인데, 라돈은 세상의 서쪽 끝에 있는 정원에서 '저녁별의 딸들'인 헤스페리데스 자매와 함께 이 황금사과를 지키고 있었다. 전해지는 이야기에 따르면 라돈은 머리가 두 개나 세 개라고도 하고 백 개라고도 하는데 이 머리들은 절대로 한꺼번에 모두 잠드는 법이 없으며 각기 다른 목소리를 냈다고 한다.

헤라클레스는 해신 네레우스에게 길을 물어 세상 끝에 있는 헤스페리데스의 정원을 찾아와서는 라돈을 죽이고 헤라의 황금사과를 가져갔다. 헤라 여신은 자신의 황금사과를 지키다 죽은 라돈을 하늘에 올려 별자리로 만들었다.

과일나무를 지키고 있는 용이나 커다란 뱀의 이야기는 고대 근동 지역의 민담에서 쉽게 찾아볼 수 있는데 학자들은 이것이 그리스 신화에 전해진 것으로 보고 있다. 비슷한 이야기는 기독교 성경의 창세기에도 나온다. 중세 기독교 시대에는 헤스페리데스의 정원을 에덴동산에 대한 비유로 해석하기도 했다.

**헤스페리데스의 정원**
에드워드 번 존스(Edward Burne Jones), 1880년경, 빅토리아 앨버트 박물관

## 헤라클레스와 아틀라스

하지만 또 다른 이야기에 따르면 헤라클레스는 용 라돈과 싸울 필요가 없었다고 한다. 헤라클레스가 헤스페리데스의 정원으로 가는 길에 카우카소스 산에 결박당한 채 독수리에게 간을 쪼아 먹히고 있는 프로메테우스를 구해주었는데, 프로메테우스가 그 보답으로 헤스페리데스의 정원 근처에서 하늘을 떠받치고 있는 아틀라스에게 부탁하여 황금사과를 손에 넣는 방법을 알려주었다. 헤라클레스는 아틀라스를 만나자 프로메테우스가 일러준대로 그에게 헤스페리데스의 정원으로 가서 황금사과를 가져오면 그동안 자신이 대신 하늘을 떠받쳐주겠다고 했다. 아틀라스는 좋아라하고 헤라클레스의 제안을 받아들여 정원으로 가서 황금사과를 가져왔다. 하지만 헤라클레스가 힘들게 하늘을 떠받치고 있는 모습을 보자 아틀라스는 자신이 직접 에우리스테우스왕에게 가서 황금사과를 주고 올 테니 그때까지 계속 하늘을 떠받치고 있으라고 헤라클레스에게 말했다. 아틀라스의 속셈을 알아차린 헤라클레스는 아무렇지 않은 듯 그렇게 하라고 대답하고는 하늘을 떠받친 어깨가 너무 아파서 방석을 대야겠으니 잠시 하늘을 떠받쳐달라고 아틀라스에게 부탁했다. 아틀라스는 아무런 의심 없이 그의 말대로 했지만 하늘에서 벗어난 헤라클레스는 그대로 황금사과를 집어 들고 그곳을 떠났다.

## 또 다른 라돈

라돈은 아르카디아 지방을 흐르는 라돈 강의 신으로, 대부분의 다른 강의 신들처럼 오케아노스와 테티스의 아들이다. 아폴론의 구애를 피해 달아나다 월계수로 변한 다프네가 그의 딸이라는 이야기도 있다.

# 라라 Lara

요약

로마 신화에 등장하는 물의 님페로 수다가 너무 심해서 랄라(수다쟁이)라고 불렸다.

라라는 유피테르(제우스)의 애정행각에 대해 그의 아내 유노(헤라)에게 수다를 떨었다가 유피테르의 노여움을 사게 되어 혀가 뽑힌 뒤 침묵의 여신 타키타가 되었다.

기본정보

| 구분 | 님페 |
| --- | --- |
| 상징 | 수다쟁이 |
| 별칭 | 랄라(수다쟁이), 타키타(침묵의 신) |
| 관련 지명 | 티베르 강, 알모 강 |
| 가족관계 | 알모의 딸, 헤르메스의 아내, 라레스의 어머니 |

인물관계

라라는 강의 신(河神) 알모의 딸이다.

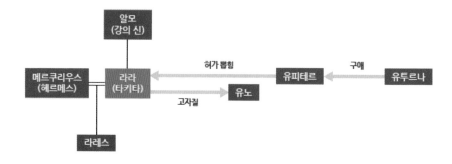

# 신화이야기

## 수다쟁이

라라는 이탈리아 라티움 지방을 흐르는 티베르 강의 한 지류의 신 알모의 딸로 물의 님페이다. 라라는 수다가 너무 심해서 랄라(Lala)라는 이름으로 불렸는데 랄라는 '수다스러운 여자'라는 뜻이다. 라라는 결국 지나친 수다 때문에 모진 고초를 겪게 된다.

## 제우스의 진노

유피테르(그리스 신화의 제우스)는 아름다운 샘의 님페 유투르나에게 반해서 구애하였지만 유투르나는 갖은 수를 다 써서 번번이 그에게서 도망쳤다. 유피테르는 티베르 강 주변 모든 물의 님페들을 불러 모아 도움을 청했다. 자신이 유투르나를 뒤쫓을 때 그녀가 물 속으로 달아나지 못하게 해달라는 것이었다. 님페들은 모두 유피테르의 부탁을 들어주기로 했다.

하지만 라라는 가만히 있지 못하고 쪼르르 유투르나에게 달려가 이 사실을 알려주었다. 그뿐만이 아니다. 그녀는 질투가 심하기로 악명 높은 유피테르의 아내 유노(헤라)에게도 고자질을 하였다.

## 침묵의 여신 타키타

화가 난 유피테르는 그녀가 다시는 수다를 떨지 못하도록 혀를 뽑아 버렸다. 이때부터 라라는 침묵의 여신 타키타가 되었다. 유피테르는 메르쿠리우스(헤르메스)에게 명하여 그녀를 영원한 침묵의 나라 하계로 데려가도록 하였다.

메르쿠리우스는 하계로 가는 도중에 그녀를 겁탈하였고 라라(타키타)는 아들 라레스를 낳았다. 라레스는 로마에서 가정의 수호신으로 숭배되었다.

# 라미아 Lamia

요약

   그리스 신화에 등장하는 여인이자 반인반수의 괴물이다.

   제우스의 사랑을 받았으나 헤라의 질투로 인해 자식들을 잃은 뒤 이성을 잃고 어린아이를 잡아먹는 괴물이 되었다.

   후대로 가면서 라미아는 젊은 남성을 유혹하여 정기를 빨아먹는 악령이나 요부, 창녀로 묘사되었다.

기본정보

| 구분 | 괴물 |
|---|---|
| 상징 | 아이 잡아먹는 귀신, 요부, 창녀 |
| 외국어 표기 | 그리스어: Λάμια |
| 어원 | 식도(食道) |
| 관련 상징 | 뱀, 뱀껍질 |
| 가족관계 | 제우스의 아내, 벨로스의 딸, 리비에의 딸, 포세이돈의 딸 |

인물관계

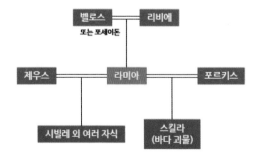

라미아는 이집트와 리비아 지역을 통치했던 벨로스왕과 리비에 사이에서 태어난 딸로, 제우스와 사이에서 몇 명의 자

식을 낳았지만 헤라의 질투로 번번이 아이를 잃어야 했다.

고대 그리스의 무녀 혹은 마녀로 알려진 리비아의 시빌레도 제우스와 라미아의 딸이라고 한다.

다른 이야기에 따르면 라미아는 포세이돈의 딸이며 바다의 신 포르키스와 사이에서 바다 괴물 스킬라를 낳았다고도 하는데, 이때 라미아는 바다의 여신 케토와 이미지가 겹치고 있다. 일반적으로 스킬라는 포르키스와 케토 사이에서 난 딸로 여겨지기 때문이다.

**라미아**
허버트 제임스 드레이퍼(Herbert James Draper), 1909년, 영국 벌링턴 하우스
: 그림 속 라미아는 인간의 다리를 하고 허리에 뱀허물을 걸치고 있고 오른팔에는 작은 뱀이 한 마리 있다

## 신화이야기

### 식인 괴물로 변해버린 리비아의 공주 라미아

리비아의 공주 라미아는 제우스의 사랑을 받아 여러 명의 자식을 낳았지만 이를 질투한 헤라가 그녀의 자식들을 모두 죽여버렸다.(혹은 헤라에 의해 미치광이가 된 라미아 자신이 자기 아이들을 삼켜버렸다고도 한다.) 절망한 라미아는 정신을 잃고 외딴 동굴로 숨은 뒤 다른 어머니들의 아이를 유괴하여 잡아먹는 끔찍한 식인괴물로 변해버렸다.

하지만 헤라는 여기에 만족하지 못하고 잠의 신 힙노스에게 명하여 그녀에게서 잠을 앗아버린다. 편히 잠들지 못하고 밤이고 낮이고 어린 아이를 찾아 헤매는 라미아를 불쌍히 여긴 제우스는 비록 편히 잠들지는 못하더라도 밤에는 아무것도 보지 않아도 되도록 그녀에게 두 눈을 마음대로 뺐다 끼울 수 있는 능력을 주었다. 그리하여 그녀는 두 눈을 단지 속에 넣어두고 있을 때는 겁먹을 필요가 없는 애처롭기까지 한 여인이지만 눈을 끼우고 부릅떴을 때는 무서운 식인귀로 돌변하는 이중적인 존재가 되었다. 서양의 어머니들은 지금도 아이가 말을 안 듣고 떼를 쓸 때 "라미아가 와서 잡아간다."고 겁을 준다.

괴물로 변한 라미아는 종종 상반신만 여자이고 하반신은 뱀의 형상을 한 반인반수의 모습으로 묘사되어 에키드나와 혼동되기도 했다.

### 남성의 정기를 빨아먹는 악귀

후대로 가면서 라미아는 젊은이들에게 달라붙어 피(혹은 정기)를 빨아먹는 악령과 같은 존재로 묘사되었다. 그리스의 저술가 필로스트라토스가 3세기경에 쓴 것으로 알려진 『아폴로니오스의 생애』에 그런 모습의 라미아가 등장한다.

**라미아**
존 윌리엄 워터하우스(John William Waterhouse), 각 1905년, 1909년
: 그림 속의 여인들은 허리와 엉덩이 그리고 무릎 위에 뱀허물을 걸치고 있는 모습이다

알렉산드리아의 현자로 알려진 철학자 아폴로니오스는 자신의 제자 메니포스가 어느 날 갑자기 젊고 아름다운 과부와 결혼한다는 소식을 듣고 결혼식에 참석하였다. 그런데 알고 보니 그녀는 젊은이들의 정기를 빨아먹는 악귀인 라미아였다. 이에 아폴로니오스는 기지를 발휘하여 그녀를 물리치고 제자를 구해낸다.

영국의 낭만주의 시인 존 키츠는 필로스트라토스의 글에 등장하는 라미아의 이미지에 영감을 받아 〈라미아〉라는 제목의 시를 지었는데, 라미아를 남성을 유혹하는 치명적인 여성으로 묘사하기도 했다. 또 허버트 제임스 드레이퍼나 존 윌리엄 워터하우스 같은 미술가들은 라미아를 뱀의 이미지와 연결시켜 관능적으로 표현하였다.

# 라브다코스 Labdacus

## 요약

테바이를 건설한 카드모스의 손자이다.

아버지 폴리도로스가 테바이의 왕이 되지만 젊은 나이에 죽어 라브다코스가 어린 나이에 왕위를 잇게 된다. 이에 외할아버지인 닉테우스와 그의 형제 리코스가 어린 라브다코스 대신 테바이를 섭정한다.

## 기본정보

| 구분 | 왕 |
|---|---|
| 외국어 표기 | 그리스어: Λάβδακος |
| 관련 신화 | 닉테우스, 리코스, 판디온, 라이오스 |
| 가족관계 | 폴리도로스의 아들, 닉테이스의 아들, 라이오스의 아버지 |

## 인물관계

```
          카드모스 ━━━ 하르모니아
              │
   ┌──────┬───────┬──────┬──────┬──────┐
폴리도로스 ━ 닉테이스  이노  세멜레  아우토노에  아가우에
    │
 라브다코스
    │
 라이오스 ━━━ 이오카스테
    │
 오이디푸스
```

폴리도로스와 닉테이스 사이에 태어난 아들로 카드모스의 손자이다. 라브다코스의 아들 라이오스는 이오카스테와 결혼하여 오이디푸스를 낳는다.


## 신화이야기

### 집안 이야기

라브다코스는 테바이를 건설한 카드모스의 아들 폴리도로스와 닉테이스 사이에 태어난 아들이다. 어머니 닉테이스는 스파르토이 즉 씨 뿌려 나온 자들 중 한 명인 크토니우스의 아들 닉테우스의 딸이다. 스파르토이란 테바이의 건설자 카드모스가 죽여 없앤 용의 이빨에서 나온 무장한 병사들을 지칭하는 말인데, 이들은 자기네들끼리 싸우다 이 중 다섯 명만이 살아남는다. 이들은 카드모스를 도와 테바이를 건설하고 테바이 귀족들의 조상이 된다. 이렇게 해서 라브다코스는 테바이를 건설한 카드모스와 카드모스가 테바이를 건설하는 것을 도와준 스파르토이의 피를 동시에 물려받은 셈이다.

카드모스는 외손자 펜테우스에게 왕위를 물려주고 테바이를 떠나지만 펜테우스는 왕이 된 지 얼마되지 않아 디오니소스의 노여움을 사게 되어 끔찍한 최후를 맞는다. 펜테우스의 뒤를 이어 라브다코스의 아버지 폴리도로스가 왕이 되지만 얼마 지나지 않아 죽는다. 이렇게 해서 폴리도로스의 아들 라브다코스가 어린 나이에 왕위를 잇게 되었고 그의 외할아버지 닉테우스가 라브다코스를 대신하여 테바이를 섭정하게 된다.

닉테우스가 죽은 후에는 그의 형제 리코스가 통치권을 행사하였고 라브다코스가 성인이 되자 리코스는 그에게 통치권을 돌려준다. 그런데 『비블리오테케』에 의하면 라브다코스 역시 젊은 나이에 죽는데 그때 아들 라이오스의 나이가 겨우 한 살이었다고 한다. 이번에도 리코스가 라이오스 대신 테바이를 섭정하게 된다.

### 라브다코스의 죽음

라브다코스가 리코스로부터 정권을 돌려받고 테바이를 다스린 지 얼마 되지 않아 테바이는 국경 문제로 아테네와 전쟁을 하세 된다. 당시 아테네는 판디온이 다스리고 있었는데 판디온왕은 트라키아의 왕 테레우스에게 원군을 요청한다. 라브다코스는 테레우스의 지원을 받은 판디온왕에게 패하고 얼마 지나지 않아 죽음을 맞이한다.

라브다코스의 죽음에 대해서는 여러 가지 이야기가 존재한다. 아테네와의 전쟁으로 인해 죽었다는 이야기도 있는데 『비블리오테케』에 의하면 라브다코스가 선왕 펜테우스와 마찬가지로 디오니소스를 숭배하지 않았기 때문에 죽었다고 한다.

### 라브다코스의 손자 오이디푸스

겨우 한 살의 나이에 왕위에 오른 라브다코스의 아들 라이오스는 나중에 이오카스테와 결혼하여 오이디푸스를 낳는다.

### 판디온왕의 비극

국경 문제로 라브다코스와 전쟁을 한 판디온왕은 트라키아의 왕 테레우스의 지원을 받아 전쟁을 승리로 이끌지만 결국은 이로 인해 비참한 운명을 맞게 된다. 판디온왕은 전쟁을 도와준 테레우스에게 장녀 프로크네를 시집 보내는데 테레우스가 처제인 필로멜라도 탐하여 그녀를 겁탈한다. 그리고는 필로멜라가 진실을 밝힐까 두려워 그녀의 혀를 잘라낸 뒤 외딴 집에 감금한다.

필로멜라는 천에 수를 놓아 언니 프로크네에게 진실을 전하고 이 참혹한 진실을 알게 된 프로크네는 복수를 다짐한다. 프로크네는 남편과 꼭 닮은 아들 이티스를 죽여 음식으로 만든 후 남편에게 먹인다.

판디온왕은 딸들의 불행한 운명에 크게 상심하다 이로 인해 죽음에 이르게 된다.('테레우스', '프로크네', '필로멜라' 참조)

**필로멜라와 프로크네**
엘리자베스 제인 가드너(Elizabeth Jane Gardner)
개인소장

# 라비니아 Lavinia

요약

　그리스 로마 신화에 등장하는 아이네이아스의 아내이다.

　아이네이아스는 라티움의 왕 라티누스의 딸 라비니아와 결혼한 뒤 트로이 유민과 라티움의 원주민인 라티니족을 결합시켜 라비니움 왕국을 건설하였다. 아이네이아스가 죽은 뒤 라비니움은 전처의 소생인 아스카니오스에게 돌아갔지만 아스카니오스는 곧 라비니움을 라비니아의 아들 실비우스에게 넘기고 자신은 로마 제국의 모태가 되는 알바 롱가 왕국을 건설하였다. 아스카니오스가 죽은 뒤 알바 롱가의 왕위는 실비우스에게로 넘어갔다.

기본정보

| 구분 | 왕비 |
| --- | --- |
| 외국어 표기 | 라틴어: Lavinia |
| 관련 신화 | 아이네이아스의 이탈리아 정착, 로마 건국 |

인물관계

　라비니아는 라티니족의 왕 라티누스와 아마타 사이에서 태어난 딸이다. 라비니아는 트로이의 유민들을 이끌고 이탈리아에 도착한 아이네이아스와 결혼하여 아들 실비우스를 낳았다. 실비우스는 로마의 건설자 로물루스와 레무스 형제의 직계 조상이 되었다.

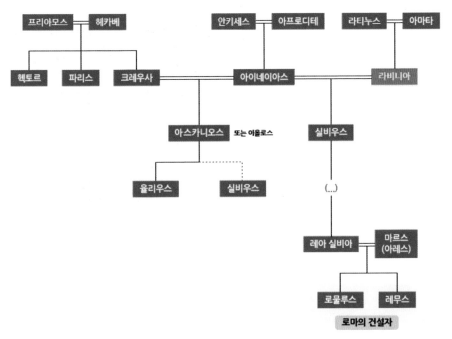

신화이야기

라비니아와 아이네이아스

   라티누스왕과 그의 아내 아마타 왕비는 외동딸 라비니아를 이웃나라 루툴리족의 왕 투르누스와 약혼시켰다. 하지만 라티누스왕은 라비니아가 이방인과 결혼해야 한다는 신탁 때문에 이 약혼을 달가워하지 않았다. 그러던 차에 아이네이아스가 트로이의 유민들을 이끌고 라티움에 도착하자 라티누스는 딸을 아이네이아스에게 주어야겠다고 마음먹었다. 하지만 베누스(그리스 신화의 아프로디테)의 아들 아이네이아스를 탐탁히 여기지 않던 유노(그리스 신화의 헤라)는 복수의 여신 푸리아이(그리스 신화의 에리니에스) 중 하나인 알렉토를 시켜 왕비로 하여금 두 사람의 결혼을 적극적으로 반대하도록 만들었다. 알렉토는 또한 투르누스를 부추겨 이방인에게 싸움을 걸게 하였다. 일설에 따르면 투르누스는 아마타 왕비의 조카라고도 한다.

투르누스는 자신을 지지하는 이웃 부족들과 함께 아이네이아스를 공격하였고 아이네이아스도 투르누스 진영에 적대적이었던 주변 세력을 규합하여 이에 맞섰다.

아이네이아스는 이 전쟁에서 투르누스를 죽이고 승리를 거둔 뒤 라비니아와 결혼하고 라티움의 통치권도 넘겨받았다. 이에 아이네이아스는 트로이

**라비니아**
보카치오(Boccace) 『뛰어난 여성들에 대하여』의
삽화, 14세기

유민과 라티니족을 결합시킨 새로운 나라를 건설하고 라비니아의 이름을 따서 라비니움이라고 명명하였다.

### 알바 롱가 왕국의 건설

라비니아와 아이네이아스 사이에서 아들 실비우스가 태어났는데 일설에 따르면 실비우스는 아버지가 죽고 난 뒤에 태어난 유복자라고도 한다. 아이네이아스가 이탈리아에 정착하여 라비니움을 건설할 때 그에게는 트로이에서 함께 온 장성한 아들 아스카니오스가 있었다. 아스카니오스는 아이네이아스가 죽은 뒤 라비니움의 왕에 올랐다. 그러자 실비우스를 임신 중이었던 라비니아는 아스카니오스가 자신의 아들을 해칠까 두려워 숲으로 피신하여 티루스 혹은 티레누스라는 목동의 집에서 아이를 낳았다.

티루스와 라비니아는 그 후 아스카니오스에 대한 라티움 원주민들의 미움을 부추기면서 실비우스의 세력을 키웠다. 이에 아스카니오스는 이복형제 실비우스에게 라비니움을 양보하고 로마의 남동쪽에 위치한 알바 산 기슭에 새로운 왕국을 건설하였다. 이 나라가 훗날 로마

제국의 모태가 되는 알바 롱가였다. 그 후 아스카니오스는 후사가 없이 죽음을 맞게 되었고 이복형제 실비우스를 불러 자신의 뒤를 이어 알바 롱가의 왕에 오르게 하였다.

하지만 또 다른 이야기에 따르면 아스카니오스에게는 율리우스라는 아들이 있었지만 실비우스가 라티니족의 지지를 등에 업고 아스카니오스에 뒤이어 알바 롱가의 왕이 되었다고도 하고. 실비우스가 실은 아스카니오스의 이복형제가 아니라 아들이었다고도 한다.

# 라비린토스 Labyrinth

## 요약

크레타 섬에 있는 건물이다.

아내 파시파에가 황소와 관계를 맺어 낳은 괴물인 반은 인간이고 반은 소의 모습을 한 미노타우로스를 감금하기 위해 크레타의 왕 미노스가 만들게 한 미궁이다. 한 번 들어가면 나오는 문을 찾을 수 없도록 설계되어 있다. 미노스의 명을 받아 공예 및 건축의 명장 다이달로스가 지었다.

## 기본정보

| 구분 | 사물 |
| --- | --- |
| 상징 | 미로, 빠져나올 수 없는 곳 |
| 외국어 표기 | 그리스어: λαβύρινθος |
| 별칭 | 라비린스(Labyrinth) |
| 관련 신화 | 미노타우로스, 테세우스, 파시파에, 미노스 |

## 신화이야기

### 개요

라비린토스는 크레타의 왕 미노스가 만들게 한 미궁으로, 아내 파시파에가 황소와 관계를 맺어 낳은 괴물(반은 인간이고 반은 소의 모습을 한) 미노타우로스를 감금하기 위한 것이다. 한 번 들어가면 나오는 문을 찾을 수 없도록 설계되어 있는데 미노스의 명을 받아 공예 및 건

축의 명장 다이달로스가 지었
다.('다이달로스' 참조) 라비린토스를
짓게 된 경위는 다음과 같다.

크레타의 왕 미노스는 왕위 계승
을 두고 형제들과 다툼을 벌이던
중 포세이돈의 도움으로 왕이 된
다. 그는 왕이 되기 전 백성들에게
자신이 왕권을 부여받았다고 주장

**다이달로스**
3세기, 마케도니아 플라오슈니크에서 출토
©Petre Stojkovski@Wikimedia(CC BY-SA)

하면서 그 증거로 자신이 기도하는 것은 무엇이든 이루어진다고 말한
다. 미노스는 이를 입증하기 위해 포세이돈에게 깊은 바다에서 황소
를 한 마리 보내달라고 간청한다. 그리고 왕이 된 후에 황소를 다시
제물로 바치겠다고 약속한다. 이에 포세이돈은 멋있는 황소를 보내주
었고 미노스는 크레타의 왕이 된다. 그러나 이후 미노스는 멋진 황소
가 탐이 나 포세이돈에게 제물로 바치겠다는 약속을 지키지 않고 포
세이돈이 분노하여 파시파에로 하여금 그 황소에게 감당할 수 없는
욕정을 느끼게 했다고 한다.

**파시파에와 미노타우로스**
적색 도기 그릇 그림. 기원전 340~320년경
프랑스 국립도서관

포세이돈의 저주로 기이한
욕정을 느끼게 된 파시파에는
마침 크레타 섬에 머물던 다이
딜로스에게 조언을 구하고, 다
이달로스는 왕비에게 속이 비
어있는 실물과 똑같은 암소를
만들어준다. 파시파에는 이 암
소 안으로 들어가 황소와 결
합하였고 반은 인간 반은 소
인 괴물 미노타우로스가 태어
난다.

아내 파시파에가 부정한 관계를 맺어 생긴 자식이고 게다가 흉측스런 괴물인 미노타우로스가 미노스에게는 애물단지와도 같은 존재이다. 그러나 아내는 엄연한 왕비이고 게다가 태양신 헬리오스의 딸이니 미노스는 미노타우로스를 마음대로 처단할 수도 없다.

> "미노스는 이 수치스러운 존재를 궁전에서 없애고자 복잡하기 그지없어 통로를 찾을 수 없는 집에 가두기로 마음먹었다."
>
> (오비디우스, 『변신이야기』)

그런데 『비블리오테케』에 의하면 미노스는 (그 내용을 자세하게 밝히지 않지만) 어떤 "신탁에 따라" 미노타우로스를 미궁에 가두고 감시하게 했다고 한다. 건축과 공예의 달인 다이달로스가 만든 이 미궁은 통로를 찾을 수 없도록 수많은 미로를 곳곳에 두어, 한 번 들어온 사람은 결코 살아서 나갈 수 없도록 설계되어 있다. 이에 대해 『변신이야기』는 다음과 같이 전한다.

> "유명 건축가인 다이달로스가 이 건물을 지었는데 그는 표지가 되는 것들을 온통 뒤죽박죽 헝클어놓고 꼬불꼬불한 여러 갈래의 길로 사람들을 현혹시켰다. (…), 이와같이 셀 수 없이 많은 미로들을 여기저기 만들어 다이달로스 자신도 입구로 돌아오기가 힘들 정도였다."

이렇게 해서 미노타우로스는 '자신을 위해' 특별히 지은 미궁에서 지내게 된다.

### 라비린토스를 빠져 나간 사람, 테세우스

그런데 신화 속에서 라비린토스를 탈출한 사람이 하나 있는데 그가 바로 아테네의 영웅 테세우스이다.

크레타의 왕 미노스는 미노타우로스를 미궁에 가두고 먹이를 주는데 이 먹이는 바로 아테네에서 9년마다(『변신이야기』에 의하면 9년이지만 3년이라는 이야기도 있고 7년이라는 이야기도 있다.) 공물로 바치는 각각 일곱 명의 처녀 총각들이다. 이 처녀 총각들이 미노타우로스의 먹이가 되기 위해 제물로 바쳐지는 것이다.

미노타우로스는 라비린토스에서 이 처녀 총각들을 잡아먹으며 살아가게 되는데 아테네가 세 번째 공물을 바칠 때 아테네의 왕자 테세우스가 미노타우로스를 처단하기 위해 희생 제물이 되기를 자원하여 크레타로 간다. 그런데 크레타의 공주 아리아드네가 테세우스를 사랑하게 되어 그에게 실뭉치를 주면서 미궁에서 빠져나올 수 있는 방법을 가르쳐준다. 그리하여 테세우스는 아리아드네가 알려준대로 문에 실을 매고는 실뭉치를 풀면서 안으로 들어간다.

미궁의 가장 안쪽에 있던 미노타우로스는 결국 테세우스에 의해 죽임을 당하고 테세우스는 풀어놓았던 실을 당기며 되돌아 밖으로 나와

무사히 미궁을 탈출한다. 이렇게 해서 테세우스는 라비린토스를 탈출한 '아마도 유일한' 사람으로 기록된다.('테세우스' 참조)

**테세우스와 미노타우로스**
미상, 1500~1525년, 카소니 캄파냐의 장인(Maitre des Cassoni Campana), 프랑스 아비뇽 프티팔레 미술관
: 앞의 두 여인은 테세우스의 처 아리아드네와 후처 파이드라이다

# 라에르테스 Laertes

## 요약

그리스 신화에 나오는 이타카의 왕이다.

아르고호 원정대의 일원이었고 칼리돈의 멧돼지 사냥에도 참가한 영웅이지만 오디세우스의 아버지로 더 유명하다. 하지만 일설에 오디세우스는 라에르테스의 아들이 아니라 시시포스의 아들이라고 한다.

오디세우스에게 살해당한 구혼자들의 친족이 복수하기 위해 공격해 왔을 때 노령에도 불구하고 아들 오디세우스, 손자 텔레마코스와 함께 용감히 맞서 싸웠다.

## 기본정보

| 구분 | 이타카의 왕 |
|------|------------|
| 외국어 표기 | 그리스어: Λαέρτης |
| 관련 신화 | 오디세우스, 시시포스 |
| 가족관계 | 오디세우스의 아버지, 크티메네의 아버지, 안티클레이아의 남편 |

## 인물관계

라에르테스는 아르키시오스와 칼코메두사의 아들이며 아우톨리코스의 딸 안티클레이아와 결혼하여 아들 오디세우스와 딸 크티메네를 낳았다. 그의 조부는 케팔레니아 섬의 시조 케팔로스이며 그래서 라에르테스는 케팔레니아인들의 왕으로 언급되기도 한다.

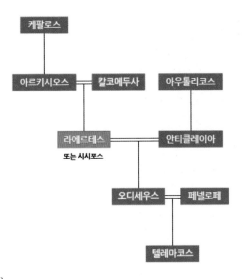

## 신화이야기

### 오디세우스의 아버지

오디세우스는 라에르테스가 아우톨리코스의 딸 안티클레이아와 결혼하여 낳은 아들이다. 하지만 안티클레이아는 라에르테스와 결혼하기 전에 이미 오디세우스를 임신하고 있었다는 이야기가 있다. 그에 따르면 도둑질의 명수로 유명했던 안티클레이아의 아버지 아우톨리코스가 영리하고 교활한 시시포스의 소떼를 훔쳤다가 덜미를 잡혀 하는 수 없이 딸 안티클레이아에게 시시포스의 잠자리 시중을 들게 하였다는 것이다.(이와 같은 혈통은 오디세우스의 지략과 교활함을 설명하기 위한 것으로 보인다. '시시포스' 참조)

### 시골로 물러난 라에르테스

라에르테스는 오디세우스가 트로이 전쟁에 참전하기 위해 이타카를 떠나기 전에 이미 통치권을 아들에게 물려주었다고 한다. 아직 건강한 나이였을 그가 왜 그렇게 빨리 왕좌에서 물러났는지는 알려지지 않았다.

오디세우스가 트로이로 떠난 뒤 안티클레이아는 멀리 떠난 아들을 애통해하다 세상을 떠났고 라에르테스는 슬픔에 잠겨 시골에 있는 영지로 물러나 은둔생활을 하였다. 그는 오디세우스가 트로이 전쟁과 그에 이어 계속된 방랑으로 집을 비운 사이 며느리 페넬로페와 손자 텔레마코스가 무례한 구혼자들에게 시달리고 있을 때에도 왕궁의 일에는 전혀 관여하지 않았다.

**페넬로페, 라에르테스(뒤쪽)와 텔레마코스**
프랑스 국립도서관

## 구혼자 가족들과의 마지막 싸움

시골에서 슬픔에 잠겨 지내던 라에르테스는 오디세우스가 20년 만에 귀향하여 찾아왔을 때 아들을 알아보지 못했다. 오디세우스가 스스로 아들임을 증명해보이자 그는 기쁨을 이기지 못하고 잠시 혼절하기도 했다.

그는 오디세우스에게 살해당한 구혼자들의 가족이 복수하기 위해 쳐들어왔을 때 고령에도 불구하고 아들과 함께 용감히 적에 맞섰다. 이에 아테나 여신은 마법의 목욕으로 그에게 잠시 젊음을 선사하였고 그는 창을 던져 안티노오스의 아버지 에우피테스를 죽였다. 오디세우스 일가와 구혼자 가족들과의 마지막 싸움은 결국 아테나 여신의 중재로 평화롭게 끝이 났다.

# 라오다마스 Laodamas

요약

그리스 신화에 등장하는 테바이의 왕이다.

아버지 에테오클레스가 '테바이 공략 7장군'을 이끌고 쳐들어온 쌍둥이 형제 폴리네이케스와 결투를 벌이다 죽은 뒤 우여곡절 끝에 테바이의 왕위에 올랐지만, 에피고노이의 2차 테바이 원정 때 전쟁에 패해 죽음을 맞았다.(혹은 테바이에서 쫓겨났다.)

기본정보

| 구분 | 테바이의 왕 |
|------|------------|
| 외국어 표기 | 그리스어: Λαοδάμας |
| 어원 | 사람들의 조련사 |
| 관련 신화 | 에피고노이의 2차 테바이 원정 |
| 가족관계 | 에테오클레스의 아들, 오이디푸스의 손자 |

인물관계

라오다마스는 오이디푸스와 이오카스테 사이에서 태어난 에테오클레스의 아들로, 에피고노이를 이끌고 테바이로 쳐들어온 테르산드로스와는 사촌형제이다.

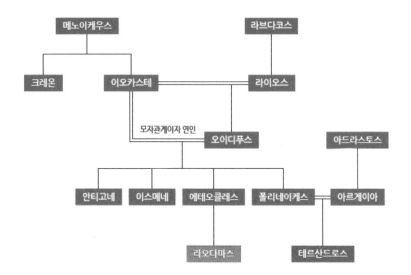

## 신화이야기

### 오이디푸스의 두 아들 폴리네이케스와 에테오클레스

오이디푸스는 자신의 혈통을 미처 알지 못한 채 생부를 살해하고 생모와 결혼하여 자식까지 낳았다.('오이디푸스' 참조) 사실을 안 오이디푸스가 제 손으로 눈을 도려내고 테바이를 떠난 뒤 두 아들 폴리네이케스와 에테오클레스 사이에 왕권 다툼이 벌어졌다. 먼저 왕위에 오른 에테오클레스가 1년씩 번갈아가며 테바이를 다스리자는 약속을 깨고 폴리네이케스를 테바이에서 추방하자, 폴리네이케스는 아르고스로 가서 아드라스토스왕과 함께 일명 '테바이 공략 7장군'을 이끌고 다시 테바이로 쳐들어왔다. 전쟁은 테바이의 승리로 끝났지만 폴리네이케스와 에테오클레스 형제는 결투에서 서로를 찔러 둘 다 죽고 말았다.

### 테바이의 왕위에 오른 라오다마스

에테오클레스왕이 죽고 난 뒤 왕위 계승자인 아들 라오다마스가 아직 어렸기 때문에 에테오클레스왕의 숙부 크레온이 섭정하여 테바이를 다스렸다. 그러나 후에 크레온은 리코스에 의해 살해되고 테바이의 왕권은 리코스에게로 넘어갔다.

크레온에게는 메가라라는 딸이 있었는데 당시 그녀는 헤라클레스와 결혼하여 여러 명의 자식을 낳고 테바이에서 살고 있었다. 리코스는 테바이를 떠나고 없는 헤라클레스가 이미 죽은 줄 알고 메가라와 그 자식들을 죽여 후환을 없애려다가 오히려 다시 돌아온 헤라클레스의 손에 목숨을 잃었다. 헤라클레스는 테바이의 왕위를 라오다마스에게 넘겨주었다.

## 에피고노이의 2차 테바이 원정

테바이의 왕위에 오른 라오다마스는 7장군의 후손들인 에피고노이의 침략을 받았다. 에피고노이의 2차 테바이 원정을 이끄는 이는 폴리네이케스의 아들 테르산드로스였다. 라오다마스는 원정대를 맞아 잘 싸웠지만 신탁이 일찌감치 전쟁의 승자로 지목했던 암피아라오스의 아들 알크마이온의 손에 죽었다.

라오다마스가 죽자 전의를 상실한 테바이 사람들은 예언자 테이레시아스의 권고에 따라 밤을 틈타 테바이 성을 버리고 모두 도망쳤다. 하지만 또 다른 전승에 따르면 라오다마스는 전투에서 거듭 패하자 예언자 테이레시아스의 권고에 따라 에피고노이와 평화협정을 맺고 테바이 성을 넘겨준 다음 주민들을 이끌고 일리리온으로 갔다고 한다. 라오다마스와 테바이 사람들은 그곳에 헤스티아이아라는 도시를 건설하였다고 한다.

# 라오다메이아 Laodamia

요약

트로이 전쟁에 참가한 그리스군 용사 프로테실라오스의 아내이다.

남편이 트로이 전쟁에서 전사하자 신들에게 잠시라도 남편을 다시 보게 해달라고 간청하여 세 시간의 만남을 허락받았다. 눈물의 재회가 끝나고 프로테실라오스가 다시 저승으로 돌아갈 시간이 되자 라오다메이아는 남편의 품에서 스스로 목숨을 끊었다.

기본정보

| 구분 | 신화 속 여인 |
|------|-------------|
| 상징 | 남편에 대한 애끓는 사랑 |
| 외국어 표기 | 그리스어: Λαοδάμεια |
| 관련 신화 | 트로이 전쟁 |

인물관계

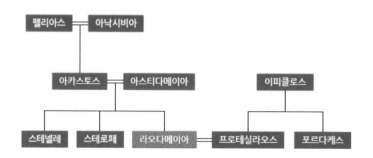

라오다메이아는 이올코스의 왕 아카스토스와 아스티다메이아 사이에서 난 딸로 프로테실라오스와 결혼하였다. 필라코스의 아들 이피클로스가 멜람푸스로부터 성불능을 치료받고 낳은 아들 프로테실라오스는 라오다메이아와 결혼한 뒤 곧바로 트로이 전쟁에 나가 전사하였다.

## 신화이야기

### 프로테실라오스의 죽음

프로테실라오스는 헬레네의 구혼자 중 한 사람이었기 때문에 구혼자의 맹세에 묶여 라오다메이아와 결혼하자마자 트로이 전쟁에 나가야만 했다. 용감한 전사였던 프로테실라오스는 트로이 땅에 첫 발을 내딛는 자는 반드시 죽음을 맞게 될 거라는 신탁 때문에 그리스의 병사들이 감히 상륙하지 못하고 우물쭈물하자 제일 먼저 배에서 뛰어내려 트로이 땅을 밟았다. 이로써 그는 그리스군 진영에 상륙의 물꼬를 터 주었지만 결국 신탁의 예언대로 헥토르의 창에 제일 먼저 목숨을 잃고 말았다.

### 부부의 재회

고국에서 사랑하는 남편의 전사 소식을 전해들은 라오다메이아는 슬피 울며 단 몇 시간만이라도 남편을 만나게 해달라고 신들에게 간청했다. 라오다메이아의 애절한 기도에 감동한 신들은 헤르메스를 보내 프로테실라오스를 저승에서 데려와 그녀와 만나게 해주었다. 두 사람에게 주어진 시간은 세 시간이었다. 재회의 기쁨은 잠시 후 더욱 큰 슬픔이 되었다. 프로테실라오스가 다시 저승으로 돌아가야 할 시간이 되자 라오다메이아는 그의 품에서 스스로 목숨을 끊어 남편의 저승길에 동행하였다.

### 나무로 깎아 만든 남편

라오다메이아의 죽음에 대해서는 또 다른 이야기도 전해진다. 그에 따르면 남편이 죽은 뒤 라오다메이아는 나무로 남편의 모습을 한 인형을 만들어 침실에 숨겨두고 허전한 마음을 달랬다고 한다. 그녀는 나무인형을 진짜 남편인 것처럼 끌어안고 입을 맞추고 이야기를 나누곤 했는데 어느 날 하녀가 그 광경을 보고 아카스토스왕에게 고하였다. 왕은 딸의 행동을 해괴하게 여겨 나무인형을 불태워버렸다. 그러자 라오다메이아는 불더미 속으로 몸을 던져 스스로 목숨을 끊었다.

그리스의 비극 시인 에우리피데스는 지금은 소실된 작품에서 라오다메이아와 프로테실라오스의 사랑 이야기를 다루었다고 한다. 로마 시대에는 두 사람의 이야기를 부조로 새겨 넣은 석관이 인기를 끌었다.

**라오다메이아와 프로테실라오스의 이야기가 새겨진 석관 부조**
4세기, 나폴리 산타 키아라교회
©Sailko@Wikimedia(CC BY-SA)

### 또 다른 라오다메이아

그리스 신화에는 그밖에도 라오다메이아라는 이름을 지닌 여인이 몇 사람 더 등장한다.

1) 영웅 벨레로폰의 딸로 제우스와 사이에서 사르페돈을 낳았다. 아버지 벨레로폰이 신들의 분노를 산 탓에 베틀에 앉아 옷감을 짜다가

아르테미스 여신의 화살을 맞고 죽었다.

2) 알크마이온의 딸로 펠레우스와 사이에서 폴리도라를 낳았다.

3) 아미클라스와 디오메데 사이의 딸로 아르카스와 결혼하여 트리필로스를 낳았다.

4) 아가멤논왕의 아들 오레스테스의 유모이다. 아이기스토스가 아가멤논을 살해한 뒤 오레스테스마저 죽이려 했을 때 자기 아들에게 오레스테스의 옷을 입혀 대신 죽게 하였다. 아르시노에라는 이름으로 불리기도 한다.

# 라오디케 **Laodice**

요약

  그리스 신화에 등장하는 트로이의 왕녀이다.

  프리아모스의 딸들 중 가장 아름답다는 평을 들었으며, 트로이 전쟁이 터질 무렵 아테네의 장수 아카마스와 사랑을 나누어 아들 무니토스를 낳았다.

기본정보

| 구분 | 공주 |
|---|---|
| 외국어 표기 | 그리스어: Λαοδίκη |
| 관련 신화 | 트로이 전쟁 |

인물관계

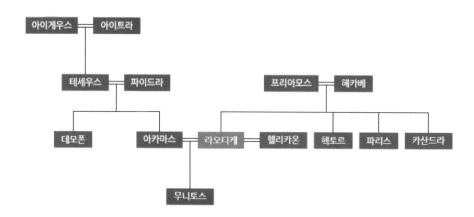

라오디케는 트로이 왕 프리아모스와 왕비 헤카베 사이에서 태어난 딸로, 트로이 사람 안테노르의 아들 헬리카온과 결혼하였으며 처녀 시절(혹은 헬리카온과 이미 결혼한 뒤에) 테세우스의 아들 아카마스와 사이에서 아들 무니토스를 낳았다.

## 신화이야기

### 아테네 장수 아카마스와 정을 통한 트로이의 왕녀

호메로스의 『일리아스』에 따르면 라오디케는 "프리아모스의 여러 딸들 중에서도 용모가 가장 뛰어난" 여성으로 안테노르의 아들 헬리카온이 그녀를 아내로 삼았다고 한다. 그런데 그녀는 헬리카온과 결혼하기 전에(혹은 후에) 테세우스의 아들 아카마스와 사랑을 나누어 아들 무니토스를 낳았다. 그리스연합군의 일원으로 아테네 병사들을 이끌고 트로이 전쟁에 참전한 아카마스가 트로이 왕의 딸인 라오디케와 사랑을 나누게 된 연유는 다음과 같다.

라오디케의 오빠인 트로이의 왕자 파리스는 스파르타를 방문했다가 스파르타 왕 메넬라오스의 아내 헬레네에게 반해서 메넬라오스가 외조부의 장례식에 참가하기 위해 집을 비운 사이 그녀를 납치해서(혹은 유혹해서) 트로이로 도망쳤다. 이에 메넬라오스는 그리스연합군을 결성하여 트로이로 쳐들어가기 전에 먼저 오디세우스, 아카마스 등과 함께 트로이에 사절로 가서 헬레네의 반환을 요구하였다. 그러자 트로이에서는 헬레네를 돌려보내지 말고 사절들을 죽여야 한다는 주장과 헬레네를 돌려보내 전쟁을 피해야 한다는 주장이 팽팽히 맞섰다. 이때 화평을 주장하며 사절단을 자신의 집에서 보살펴준 사람이 바로 헬리카온의 아버지 안테노르였다. 이 사실은 라오디케가 이미 헬리카온과 결혼한 뒤에 아카마스와 정을 통했다는 설을 뒷받침해준다. 사절단의 일원인 아카마스가 안테노르의 집에 머무는 동안 집안의 며느리인 라오디케와 관계하였다는 것이다.

하지만 다른 이야기에 따르면 라오디케가 적국의 장수 아카마스와 사랑을 나눈 것은 아직 헬리카온과 결혼하기 전이었다고 한다. 또 라오디케와 사랑을 나눈 아테네의 장수가 아카마스가 아니라 그의 형제인 데모폰이라는 이야기도 있다.

### 트로이 전쟁의 발발과 라오디케의 죽음

협상이 실패로 돌아가고 아카마스는 다시 그리스로 떠났지만 라오디케는 그의 아이를 임신하여 얼마 뒤 아들 무니토스를 낳았다. 어린 무니토스는 트로이 성에 살고 있던 테세우스의 어머니 즉 아카마스의 할머니인 아이트라에게 맡겨져 양육되었다.

아이트라는 헬레네가 트로이로 올 때 함께 왔는데, 테세우스에게 납치된 어린 헬레네를 구하기 위해 그녀의 오빠인 디오스쿠로이 형제가 아테네로 쳐들어왔을 때 포로로 붙잡혀 헬레네의 노비가 되었던 것이다. 그 후 트로이 전쟁이 벌어지고 10년 동안의 전투 끝에 마침내 트로이가 함락되었을 때 아이트라와 무니토스는 아카마스에 의해 구출되어 함께 아테네로 돌아가게 된다. 하지만 아이트라는 아들 테세우스의 죽음 소식을 듣고 슬픔을 이기지 못해 스스로 목숨을 끊었고 무니토스는 아버지 아카마스와 사냥을 나갔다가 뱀에 물려 죽고 말았다.

라오디케는 트로이가 멸망할 때 신들에게 기도를 올려 그리스군의 포로가 되지 않게 해달라고 빌었는데 그러자 땅이 갈라지며 그녀를 삼켜버렸다고 한다. 하지만 또 다른 이야기에 따르면 그녀는 그리스군이 포로로 잡아온 트로이 여인들 틈에 있었다고 하며 아들의 사망 소식을 듣고 절망하여 죽었다고 한다.

# 라오메돈 Laomedon

## 요약

그리스 신화에 나오는 트로이의 왕이다.

아폴론과 포세이돈의 도움으로 트로이 성벽을 세웠으나 약속한 보상을 지불하지 않아 신들의 미움을 샀고, 영웅 헤라클레스에게도 똑같은 약속을 지키지 않아 그의 손에 자식들과 함께 죽임을 당했다.

## 기본정보

| 구분 | 트로이의 왕 |
|---|---|
| 상징 | 배반, 약속 위반 |
| 외국어 표기 | 그리스어: Λαομέδων |
| 관련 동식물 | 말 |
| 관련 신화 | 헤라클레스의 트로이 원정 |
| 가족관계 | 일로스의 아들, 에우리디케의 아들, 스트리모의 남편, 프리아모스의 아버지 |

## 인물관계

라오메돈은 트로이의 건설자 일로스와 에우리디케 사이에서 난 아들이다. 강의 신 스카만드로스의 딸 스트리모와 결혼하여 프리아모스, 티토노스, 헤시오네 등을 낳았다.

프리아모스는 트로이가 그리스인들에 의해 멸망할 때 트로이를 다스리던 왕이다.

```
                          트로스 ━━━ 칼리로에
                             │
        ┌────────────────────┼────────────────────┐
     클레오파트라        일로스 ━━━ 에우리디케      가니메데스
                             │
                   ┌─────────┴──────────────┐
              라오메돈 ━━━ 스트리모      테미스테 ━━━ 카피스
                   │                          │
     ┌─────────────┼──────────────┐           │
  텔라몬 ━ 헤시오네  티토노스 ━ 에오스  프리아모스 ━ 헤카베  안키세스 ━ 아프로디테
                     │                  │                 │
               ┌─────┴─────┐      ┌─────┼─────┐           │
              멤논    에마티온   헥토르  파리스  카산드라   아이네이아스
```

## 신화이야기

### 라오메돈의 신마

독수리로 변한 제우스에게 납치되어 올림포스 신들의 연회에서 술을 따르는 시동이 된 미소년 가니메데스는 트로스왕의 아들로, 라오메돈의 아버지 일로스와 형제지간이다.

제우스는 아들을 잃고 슬픔에 잠긴 트로스왕을 위로하려고 그에게 두 마리의 신마를 보상으로 주었다. 이것이 라오메돈이 신마를 소유하게 된 연유이다. 라오메돈은 이 말들을 조카 안키세스에게 맡겨 기르게 했는데 안키세스는 몰래 이 신마들을 자신의 암말들과 교접시켜 씨를 훔쳐 냈다고 한다.

**라오메돈(오른쪽)을 죽이려는 헤라클레스**
1세기 말~2세기 초
이탈리아 발레 사비아 시민고고학박물관

## 트로이 성벽의 건설

라오메돈이 트로이의 왕위에 올랐을 때 아폴론과 포세이돈이 제우스에게 반항한 죄로 1년간 인간에게 봉사하기 위해 찾아왔다. 라오메돈은 두 신에게 트로이 성벽 건설을 지시하였고 성이 완성되면 두둑한 보상을 해 주겠다고 약속했다.

핀다로스에 따르면 트로이 성벽 건설에는 아이기나의 왕 아이아코스도 참여했다고 한다. 이윽고 성벽이 완성되자 커다란 뱀 세 마리가 성벽을 공격했는데, 신들이 쌓은 부분을 공격하던 뱀 두 마리는 성공하지 못하고 죽었고 한 마리만 아이아코스가 쌓은 곳을 돌파했다고 한다. 이를 본 아폴론은 나중에 아이아코스의 자손이 트로이를 멸망시킬 것이라고 예언했다.

그런데 성벽이 완공되고 나자 라오메돈은 약속을 지키지 않았다. 화가 난 신들은 트로이에 재앙을 내렸다. 아폴론

**포세이돈과 아폴론에게 보상을 거부하는 라오메돈**
요하힘 폰 잔트라르트(Joachim von Sandrart), 지롤라모
투로파(Girolamo Troppa), 17세기
스코틀랜드 헌터리안 아트갤러리

은 도시에 역병을 내렸고 포세이돈은 거대한 바다 괴물을 보내 사람들을 괴롭혔다. 견디다 못한 라오메돈이 신탁에 문의하자 그의 딸 헤시오네를 제물로 바쳐야만 재앙을 끝낼 수 있다는 대답이 나왔다. 라오메돈은 하는 수 없이 딸 헤시오네를 바닷가 바위에 사슬로 묶어 제물로 바쳤다.

**괴물을 죽이고 헤시오네를 구하는 헤라클레스**
코린트 도기 그림

### 헤라클레스의 등장

라오메돈의 딸 헤시오네가 사슬로 묶인 채 괴물에게 잡아먹히려는 순간 마침 트로이 해안에 도착한 헤라클레스가 이 광경을 보고 괴물을 죽이고 헤시오네를 구출했다. 라오메돈은 감사의 뜻으로 헤라클레스에게 자신의 신마를 주기로 약속했다. 하지만 라오메돈은 이번에도 약속을 지키지 않았다. 이에 분노한 헤라클레스는 에우리스테우스왕이 부과한 12과업을 모두 끝낸 뒤 군대를 몰고 트로이로 쳐들어와 라오메돈과 그의 자식들을 막내아들 포르다케스와 헤시오네만 남기고 모두 죽였다.

헤라클레스는 트로이로 직접 쳐들어오기 전에 텔라몬과 이피클로스를 사절로 보내 약속의 이행을 요구했는데 라오메돈은 이들을 감옥에 가두고 죽이려 했다. 이때 텔라몬과 이피클로스를 탈출시켜 준 사람이 바로 라오메돈의 막내아들 포르다케스였다.

헤라클레스는 라오메돈과 그 자식들을 몰살한 뒤 포르다케스를 트로이의 새 왕으로 옹립하고 헤시오네는 텔라몬에게 아내로 주었다. 그 뒤 포르다케스는 이름을 프리아모스로 바꿨다. 프리아모스는 '나는 산다'는 뜻이다.


신화해설

　라오메돈은 트로이의 마지막 왕 프리아모스의 아버지이다. 라오메돈의 신화는 지중해와 흑해가 바닷길로 연결되는 길목으로 해상 무역의 요충지였던 부유한 트로이 왕국이 패망의 길을 걷게 되는 과정을 암시하는 이야기로도 볼 수 있다.
　라오메돈은 신과의 약속도 영웅과의 약속도 모두 지키지 않은 신의가 없는 인물로 등장한다. 그 결과 나라에 역병이 돌고 외부의 침략을 받게 되어 국력이 쇠약해지면서 트로이는 패망의 길로 들어선다.

**죽어가는 트로이 전사(라오메돈으로 추정)**
아파이아 신전 조각상, 기원전 500년경, 뮌헨 글립토테크 미술관

# 라오코온 Laocoon

## 요약

그리스 신화에 나오는 포세이돈 신전의 사제이다.

트로이 전쟁 막바지에 그리스군이 거대한 목마를 해안에 남겨놓고 거짓으로 철수하였을 때 트로이인들에게 목마를 불태워버려야 한다고 경고하다가 신들의 노여움을 사서 바다에서 나온 거대한 뱀에 휘감겨 목숨을 잃었다.

## 기본정보

| 구분 | 사제 |
|------|------|
| 상징 | 신성모독, 고통과 회한 |
| 외국어 표기 | 그리스어: Λαοκόων |
| 별칭 | 라오콘(Laocoon) |
| 관련 상징 | 왕뱀, 두 아들 |
| 관련 신화 | 트로이 전쟁 |

## 인물관계

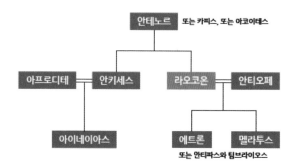

라오코온은 안테노르의 아들로 아이네이아스의 아버지 안키세스와 형제이다. 하지만 카피스 혹은 아코이테스의 아들이라는 이야기도 있다. 라오코온은 안티오페와 결혼하여 두 아들 에트론과 멜라투스 혹은 안티파스와 팀브라이오스를 낳았다. 라오코온은 두 아들과 함께 거대한 바다뱀에게 죽임을 당했다.

## 신화이야기

### 그리스군이 남겨놓은 목마

10년에 걸친 트로이 전쟁이 끝날 기미를 보이지 않자 그리스군은 오디세우스의 제안에 따라 거대한 목마를 만들어 해안에 놔두고 모두 배를 타고 철수하였다. 그리스군이 포위를 풀고 물러가는 것을 본 트

**트로이 성으로 운반되는 목마**
조반니 도메니코 티에폴로(Giovanni Domenico Tipeolo), 1760년경

로이 주민들은 기뻐하며 오랜 세월 갇혀 있던 성을 벗어나 바닷가로 몰려나왔다. 하지만 사람들은 그리스군이 남겨 놓은 거대한 목마를 보고 괴이쩍게 여기며 처리를 고심하였다. 전리품이니 성 안으로 끌고 가자는 이도 있었고 불길하니 불태워버리자는 이도 있었다.

그때 시논이라는 이름의 남자가 붙잡혀 왔다. 시논은 오디세우스의 미움을 사는 바람에 버림받고 홀로 트로이에 남겨진 그리스 병사라고 했다. 그는 목마가 아테나 여신의 진노를 가라앉히기 위해 그리스군이 만든 제물이라면서 목마를 불태우면 아테나 여신에게 화를 당하게 될 수도 있다고 말했다. 하지만 시논은 오디세우스가 목마를 트로이 성 안으로 들이기 위해 일부러 남겨 놓은 그리스군의 첩자였으며 목마 안에는 그리스군의 용사들이 숨어 있었다.

### 라오코온의 죽음

포세이돈의 사제 라오코온은 그리스인들이 두고 간 목마를 절대로 성 안으로 들여서는 안 된다고 경고하면서 목마를 향해 창을 던졌다. 창이 옆구리에 꽂히자 목마에서는 텅 하고 속 빈 울림이 터져 나왔다. 라오코온은 목마 안에 그리스군이 숨어 있을지도 모른다며 불태워버리자고 하였다. 하지만 그때 거대한 뱀 두 마리가 바다에서 나타나 라오코온과 두 아들을 공격하였다.

베르길리우스는 『아이네이스』에서 이 장면을 다음과 같이 묘사했다.

"뱀들은 곧장 라오코온을 향해 나아갔습니다.
그리고 먼저 각각 그의 두 아들의 작은 몸통을 친친 감고는 가련한 그들의 사지를 뜯어먹었습니다.
그리고 나서 그것들은 무기를 들고 구하러 온 라오코온을 붙잡더니 거대한 똬리를 틀며 감기 시작했습니다.
(…)

그는 두 손으로 그것들의 똬리를 풀어 젖히려 했고

그의 머리띠는 피와 시커먼 독액으로 더럽혀졌으며

그동안 내내 그는 하늘을 향해 무시무시하게 소리쳤습니다.

그것은 흡사 부상당한 황소가 잘못 겨냥한 도끼를 목에서 떨쳐버

리고 제단에서 도망칠 때 울부짖는 소리와도 같았습니다.

(…)

라오코온은 신성한 참나무 널빤지를 창으로 모독하고

저주 받은 창을 그 몸통에 내던졌으니

응분의 죗값을 받은 것이라고 그들은 말했습니다."

트로이 사람들은 라오코온이 아테나 여신에게 바친 제물을 함부로 훼손하여 벌을 받는 거라고 믿어 여신이 더 이상 노하지 않도록 조심스럽게 목마를 성 안으로 운반하였다.

하지만 또 다른 이야기에 따르면 라오코온이 아내 안티오페와 아폴론의 신상 앞에서 사랑을 나눈 적이 있는데 그의 처참한 죽음은 이러한 신성모독의 벌을 받은 것이라고 한다.

## 트로이의 패망

목마를 성 안으로 끌고 들어간 트로이 주민들은 성대한 승리의 축제를 벌였다. 하지만 밤이 되고 모두 잠이 들자 시논의 신호에 따라 목마 안에서 그리스군 용사들이 몰래 빠져나왔다. 이들은 굳게 잠긴 성문을 열고 그 사이 다시 해안으로 돌아온 그리스군의 병사들을 맞아들였다. 안심하고 잠들어 있던 트로이 사람들은 순식간에 성 안으로 쏟아져 들어온 그리스군에게 변변히 대항하지도 못하고 희생되었고 트로이 성은 불길에 휩싸였다. 이로써 10년에 걸친 트로이 전쟁은 그리스군의 승리로 막을 내렸다.

## 라오코온 군상

　1506년 로마의 한 농부가 에스퀼리노 언덕의 포도밭에서 일하다 우연히 찾아낸 공중목욕탕 유적에서 라오코온의 최후를 표현한 헬레니즘 시대의 조각상이 발견되었다. 이것은 로마의 역사가 플리니우스가 『박물지』에서 "그 어떤 회화와 조각보다 뛰어난 작품"이라고 극찬했던 조각상인데 그동안 기록으로만 전해지다 마침내 발견된 것이었다.

　라오코온과 두 아들의 뒤틀린 몸과 고통에서 벗어나려 몸부림치는 팔, 부풀어오른 핏줄은 그들이 겪고 있는 고통을 실감나게 전해준다. 르네상스의 화가 미켈란젤로는 이 조각을 "예술의 기적"이라고 했는데 그의 후기 작품들이 여기서 영감을 얻었다고 한다.

**라오코온 군상(위) / 죽음을 맞는 라오코온(아래)**
헬레니즘 시대 조각, 기원전 200년경, 바티칸 박물관

　독일 계몽주의 시대 역사가 요하임 빙켈만은 라오코온 군상이 고대 그리스 예술의 핵심인 "고귀한 단순성과 고요한 위대성"을 가장 잘 보여주는 작품이라고 했으며, 동시대의 독일 작가 고트홀트 에프라임 레싱은 사건의 본질을 특정 순간에 담아내는 조형예술의 특징이 이 작품에서 잘 드러나 있다고 하였다.

# 라이오스 Laius

요약

테바이의 왕이자 오이디푸스의 아버지이다.

오이디푸스는 라이오스가 그의 친아버지인 줄 모르고 그를 우발적으로 살해한다.

## 기본정보

| 구분 | 테바이의 왕 |
|------|------------|
| 외국어 표기 | 그리스어: Λάιος |
| 관련 신화 | 오이디푸스 |
| 가족관계 | 라브다코스의 아들, 오이디푸스의 아버지, 이오카스테의 남편 |

인물관계

테바이의 왕으로 라브다코스의 아들이자 카드모스의 증손자이고 오이디푸스의 아버지이다.


## 신화이야기

### 라이오스 가문의 저주

라이오스가 어렸을 때 아버지 라브다코스가 세상을 떠난다. 어린 라이오스를 대신해 그의 외할아버지 닉테우스의 형제 리코스가 섭정을 맡는다. 그 후 리코스의 조카 손자 제토스와 암피온이 자신들의 어머니를 학대한 리코스를 죽이고 테바이의 왕이 된다.('라브다코스' 참조)

의지할 곳이 없어진 라이오스는 펠롭스에게로 도망가 자신의 몸을 의탁하고 펠롭스의 아들 크리시포스에게 사두마차 모는 법을 가르친다. 크리시포스는 제우스를 사로잡을 정도로 잘 생긴 청년이었는데 라이오스 역시 크리시포스를 사랑하게 된다. 그는 크리시포스를 강제로 테바이로 데려와 강간하고 수치심을 느낀 크리시포스는 자살을 한다. 이 소식을 들은 펠롭스는 라이오스가 자식을 낳지 못할 것이고 만약에 자식을 낳는다면 자식이 아버지를 죽일 것이라고 저주한다.(다른 전승에 의하면 헤라가 라이오스의 비인륜적이고 폭력적인 사랑에 분노하여 그런 신탁을 내렸다고 한다.)

일설에 따르면 라이오스는 에크파스의 딸 에우클레이아와 결혼했고 그 둘 사이에서 오이디푸스가 태어났다. 오이디푸스의 어머니로 알려진 이오카스테는 그의 두 번째 아내이다. 그렇다면 오이디푸스는 친어머니와 결혼한 것이 아니라 새어머니인 이오카스테와 결혼한 것이다. 그밖에도 라이오스의 아내이자 오이디푸스의 어머니로 히페르파스의 딸 에우리가네이아, 히페르파스의 딸 에우리아나사, 스테넬로스의 딸 아스티메두사 등이 언급된다.

## 라이오스의 결혼

아폴로도로스는 『비블리오테케』에 라이오스와 오이디푸스의 이야기를 다음과 같이 적고 있다.

리코스에 이어 테바이를 다스리던 암피온과 제토스가 죽자(오비디우스는 암피온이 자식들을 잃은 슬픔에 자살했다고 한다. 반면 히기누스에 따르면 암피온은 자식들의 죽음을 복수하기 위해 아폴론 신전을 공격해서 신의 화살을 맞았다고 한다.) 라이오스는 테바이의 왕권을 다시 잡고 메노이케우스의 딸 이오카스테와 결혼한다. 그러나 자식을 낳을 경우 그 아이가 아버지를 죽일 것이라는 신탁을 듣고 놀란 라이오스는 아내와 잠자리를 갖지 않으려고 했다. 하지만 술에 취해 이오카스테와 잠자리를 하고, 이오카스테는 불행한 운명을 타고난 아들을 낳는다.

라이오스는 신탁이 이루어지는 것이 두려워 아이의 발목을 뚫어 핀으로 고정시킨 다음 양치기에게 내다버리라고 명령한다. 양치기는 갓난아이를 키타이론 산에 버린다. 그때 코린토스의 왕 폴리보스의 목동이 이 아이를 발견하였고 그는 아이를 왕비 페리보이아에게 가져다준다.(소포클레스의 『오이디푸스왕』에서는 왕비의 이름이 메로페이다.) 왕비는 아이를 자신의 아들로 삼고 발목을 치료한 후 오이디푸스(부어오른 발이라는 뜻)라고 부른다.(오이디푸스 '부어오른 발' 참조)

오이디푸스는 무럭무럭 자랐고 또래보다 건장하고 힘이 셌다. 그런 오이디푸스를 시기한 친구들은 그를 업둥이라고 놀렸다. 오이디푸스는 자신의 부모가 누구인지 페리보이아 왕비에게 물었으나 그녀는 아무 말도 해주지 않는다. 결국 오이디푸스는 델포이로 가서 자신의 진짜 부모가 누구인지 물어보고 무서운 신탁을 듣는다. 그가 고향으로 돌아가면 아버지를 죽이고 어머니와 결혼할 것이라는 내용이었다. 폴리보스와 페리보이아가 자신의 친부모라고 믿고 있던 오이디푸스는 그런 신탁을 듣고 도저히 집으로 돌아갈 수 없었다. 그는 천륜을 어기는 범죄를 저지르기 않기 위해 그 길로 코린토스를 떠난다.

### 라이오스의 죽음

수레를 타고 포키스를 지나가던 오이디푸스는 세 갈래 길에서 한 마차와 마주친다. 그 마차에는 그를 버린 친아버지 라이오스가 타고 있었다. 라이오스의 전령 폴리폰테스가 오이디푸스에게 길을 비켜 달라고 한다. 그는 오이디푸스가 길을 바로 비키지 않고 지체하자 오이디푸스의 말 한 마리를 죽인다. 이에 격분한 오이디푸스는 라이오스와 폴리폰테스를 죽이고 만다. 그는 자신이 신탁대로 친아버지를 죽였다는 생각은 꿈에도 하지 못하고 테바이로 길을 재촉한다.

라이오스왕이 죽은 후 메노이케우스의 아들이자 왕비 이오카스테의 오빠인 크레온이 테바이의 왕위를 계승한다. 크레온은 펜테우스의 증손자로 오이디푸스의 외삼촌이기도 하다.

크레온이 왕권을 잡자 테바이에 큰 재앙이 엄습한다. 헤라가 보낸 스핑크스 때문이었다. 스핑크스는 목소리는 하나이고 처음에는 발이 네 개지만 나중에는 두 개가 되고 마지막에는 발이 세 개가 되는 것이 무엇이냐는 수수께끼를 내는데, 스핑크스는 이 수수께끼를 풀 때까지 테바이의 시민들을 한 명씩 잡아먹었다. 크레온의 아들 하이몬까지 스핑크스의 제물이 되자 위기를 느낀 크레온은 수수께끼를 푸는 자에게 테바이의 왕위와 라이오스의 아내를 주겠다고 공표한다. 그때 오이디푸스가 나타나 스핑크스 수수께끼의 답을 사람이라고 말한다. 사람은 어릴 때는 네 발로 기어 다니고 어른이 되면 두 발로 걸어 다니고 늙어서는 지팡이를 짚으니 발이 세 개가 되기 때문이다. 이 답을 들은 스핑크스는 성채에서 몸을 던져 자살하고 오이디푸스는 크레온의 약속대로 테바이의 왕이 되고 아무것도 모른채 자신의 어머니인 이오카스테와 결혼한다. 그들은 두 아들 폴리네이케스, 에테오클레스와 두 딸 이스메네와 안티고네를 낳는다.

### 테바이의 전염병

테바이의 시민들은 스핑크스의 수수께끼를 풀고 테바이를 구한 오이디푸스를 최고의 존재로 여긴다. 그러던 중 테바이 전역에 전염병이 창궐하여 많은 시민들이 죽자 오이디푸스는 처남 크레온을 델포이의 아폴론 신전으로 보낸다.

**오이디푸스와 이오카스테**
알렉상드르 카바넬(Alexandre Cabanel), 1843년

델포이에서 돌아온 크레온은 아폴론의 신탁을 전하는데 그 내용은 선왕 라이오스를 살해한 범인을 찾아서 선왕의 억울한 죽음의 한을 풀어주어야 한다는 것이다. 선왕 라이오스는 신탁을 들으러 델포이로 가던 중 살해당했고 그의 수행원 중 한 명만 겨우 살아 돌아왔다고 한다. 그러나 당시 헤라가 보낸 스핑크스의 재앙 때문에 라이오스를 죽인 살인범들을 찾는데 주력할 수 없었다고 한다.

### 라이오스왕의 살인범을 찾아라

이런 사정을 알게 된 오이디푸스는 선왕 라이오스를 누가 살해했는지 밝히는 데 전력을 다하라고 명령한다. 그러나 범인을 찾는데 한계에 부딪히자 크레온의 권고대로 아폴론의 의중을 읽을 수 있는 예언자 테이레시아스를 부른다.

오이디푸스는 테이레시아스에게 라이오스를 죽인 범인을 알려달라고 간곡히 부탁하지만 그는 오이디푸스의 거듭된 요청에도 범인을 밝히는 것을 거부한다. 격노한 오이디푸스는 테이레시아스 역시 범인이라고 거칠게 책망한다. 오이디푸스가 자신을 턱없이 음해하자 화가 난 테이레시아스는 살인범은 바로 오이디푸스라고 밝힌다. 그가 아버지를 죽이고 친어머니를 아내로 취하고 이 나라를 더럽힌 범인이라는 것이다.

오이디푸스는 천인공노할 테이레시아스의 말을 믿지 못하고 크레온이 자신을 몰아내고 왕위를 차지하려고 꾸민 음모라고 생각한다. 그도 그럴 것이 크레온이 바로 이 예언자를 불러오라고 권한 장본인이기 때문이다. 테이레시아스는 자신이 모반을 도모하는 반역자로까지 몰리자 오이디푸스에게 그의 비극적인 미래와 그의 부모에 대해 언급한다. 크레온 역시 자신이 졸지에 반역자가 되었다는 말을 듣고 오이디푸스에게 달려와 자신의 떳떳함을 변호한다. 하지만 오이디푸스는 완고하게 그를 죽음에 처할 것이라고 선언한다.

이때 이오카스테가 나타나서 나라 전체가 흉흉한 이 마당에 쓸데없는 말다툼을 하고 있다고 오이디푸스와 크레온을 책망하고 그녀의 중재로 오이디푸스는 크레온과 화해를 한다. 그런 와중에 이오카스테는 그들의 말다툼의 이유를 알게 된다.

## 오이디푸스의 불안

이오카스테는 오이디푸스에게 라이오스가 받은 신탁과 그의 죽음에 대해 말해준다. 라이오스왕은 자식의 손에 죽을 운명을 타고났다는 신탁을 받았지만 그는 세 갈래 길에서 그의 아들이 아닌 다른 나라의 도둑들에게 살해당했다고 설명한다. 게다가 라이오스와 이오카스테는 그들의 아들이 태어난 지 불과 사흘 만에 두 발을 묶은 뒤 하인에게 시켜 산에 내다버리라고 했음을 밝힌다. 그녀는 불안해하는 오이디푸스에게 테이레시아스의 예언은 믿을 수 없다며 안심시킨다.

하지만 오이디푸스는 세 갈래 길이란 말에 불안감을 떨치지 못하고 이오카스테에게 라이오스가 살해된 장소와 시간, 그의 외모와 나이 그리고 그가 몇 명의 수행원을 동반했는지 묻는다. 그녀는 라이오스왕이 오이디푸스가 테바이의 왕이 되기 직전 포키스의 세 갈래 길, 즉 델포이에서 오는 길과 다울리아에서 오는 길이 서로 만나는 곳에서 살해되었고 당시 수행원은 다섯 명이었다고 말한다. 라이오스왕의 키는 큰 편이고 당시 흰머리가 나기 시작했으며 외모는 오이디푸스와 비슷하다고 대답한다.

오이디푸스는 자신이 불안한 이유를 이오카스테에게 말해준다. 자신의 아버지는 콜린토스 왕 폴리보스이고 어머니는 도리에이스족인 메로페인데, 하루는 연회석에서 술에 취한 한 남자에게서 그가 폴리보스왕의 아들이 아니라는 말을 들었다고 했다. 다음날 왕과 왕비에게 자신이 그들의 친자식이 아닌지 묻자 그들은 노발대발하며 부인했지만 그런 소문이 퍼지자 오이디푸스는 괴로웠다고 했다. 그러던 차에 오이디푸스는 델포이의 아폴론 신전을 찾았고 그 곳에서 무서운 신탁을 듣는데, 그가 어머니와 살을 섞고 그 사이에서 자식을 낳을 것이며 자신의 아버지를 죽이게 될 것이라는 신탁이었다. 그는 자신의 운명이 두려워 그 길로 코린토스를 떠났고 곳곳을 떠돌아다니다 이오카스테가 말한 세 갈래 길에 이르게 되었다고 한다. 그는 그 곳에서 마차와 마주쳤는데 그들이 자신을 길 밖으로 밀어내자 화가 나서 마부를 때렸다고 한다. 그러자 노인이 막대기로 자신의 머리를 사정없이 내리쳤고 화가 난 오이디푸스는 그들을 모조리 죽여버렸다고 했다.

## 라이오스의 살인범이 밝혀지다

오이디푸스는 세 갈래 길에서 생명을 부지한 하인을 데려오게 한다. 그를 기다리고 있던 중 코린토스에서 사자가 한 명 찾아온다. 그는 이오카스테에게 콜린토스의 폴리보스가 사망했기 때문에 오이디푸스가 왕위를 계승해야 한다는 소식을 전한다. 이오카스테는 폴리보스왕이 아들의 손에 죽은 것이 아니라 자연사했기 때문에 오이디푸스에게 내려진 아폴론의 신탁이 이루어지지 않았음을 기뻐하며 빨리 오이디푸스에게 이 소식을 전하라고 한다. 오이디푸스는 슬프면서도 한편으로 안도가 된다. 그러나 그는 사랑하는 이오카스테에게 폴리보스의 아내인 메로페 즉 자신의 어머니와 결혼하게 될 것이라는 신탁은 아직 이루어질 수 있기 때문에 두렵다고 말한다. 이 말을 듣고 있던 콜린토스의 사자는 그가 폴리보스의 친아들이 아니라고 밝힌다. 그가 자식이 없던 폴리보스왕 부부에게 어린 오이디푸스를 선물로 주었다고 이야기한다. 그는 당시 키타이론 골짜기에서 가축 떼를 돌보고 있었는데 라이오스의 가신에게서 두 발이 묶인 오이디푸스를 받았다고 한다. 이어 오이디푸스는 이 일의 전말에 대해서는 이오카스테가 잘 알고 있을 것이라는 말을 듣는다.

사건의 전말을 알게 된 이오카스테는 오이디푸스에게 제발 더 이상 이 일을 파헤치지 말라고 네 번에 걸쳐 애원한다. 하지만 오이디푸스의 뜻을 꺾지 못한 이오카스테는 오이디푸스가 자신이 누구인지를 끝까지 모르기를 바라며 격한 슬픔에 사로잡혀 그 자리를 뜬다.

이윽고 오이디푸스를 키타이론 산에 버린 양치기가 도착하고 콜린토스의 사자는 당시의 일이 기억나지 않는다는 양치기에게 둘 사이에 무슨 일이 있었는지 다시 이야기하며 오이디푸스왕이 바로 그때 그 갓난아이라고 말한다. 양치기는 끝까지 진실을 밝히기를 거부하지만 오이디푸스가 그에게 계속 버티면 고문을 면치 못할 것이라고 하자 모든 사실을 밝힌다. 이어 그는 이오카스테가 그 사연을 누구보다 상세하게 말해줄 수 있다고 말한다.

마침내 오이디푸스는 자신이 콜린토스 출신의 이방인이 아니라 테바이 출신이며 라이오스왕과 이오카스테가 자신의 친부모임을 깨닫는다. 모든 진실이 드러나자 오이디푸스는 비명을 지르며 궁전 안으로 뛰어 들어간다. 그는 이오카스테가 있는 방의 문을 부수고 들어갔고 이오카스테가 목을 매 자살한 것을 목격하고 무섭게 울부짖는다. 그는 이오카스테를 밧줄에서 풀어 바닥에 누이고 그녀의 옷에 꽂힌 황금 브로치를 뽑아 두 눈을 찔러 실명한다.

# 라케다이몬 Lacedaemon

## 요약

그리스 신화에 나오는 스파르타의 건설자이다.

라코니아 왕 에우로타스의 딸 스파르타와 결혼하여 장인의 왕국을 물려받은 뒤 새로운 도시를 건설하고 아내의 이름을 붙여 스파르타라고 명명하였다.

## 기본정보

| 구분 | 스파르타의 왕 |
|---|---|
| 상징 | 스파르타 |
| 외국어 표기 | 그리스어: Λακεδαίμων |
| 관련 지명 | 라코니아, 라케다이몬 |
| 관련 신화 | 스파르타 건국, 다나에, 페르세우스, 히아킨토스 |
| 가족관계 | 제우스의 아들, 타이게테의 아들, 스파르타의 남편, 에우리디케의 아버지 |

## 인물관계

라케다이몬은 제우스와 플레이아데스의 하나인 님페 타이게테 사이에서 태어난 아들로, 라코니아 왕 에우로타스의 딸 스파르타와 결혼하여 아미클라스와 에우리디케를 낳았다.

아미클라스는 라피토스의 딸 디오메데와 결혼하여 히아킨토스, 아르갈로스, 키노르테스 등을 낳았고 에우리디케는 아르고스 왕 아크리시오스와 결혼하여 다나에를 낳았다. 다나에는 제우스와 사이에서 페르세우스를 낳았다.

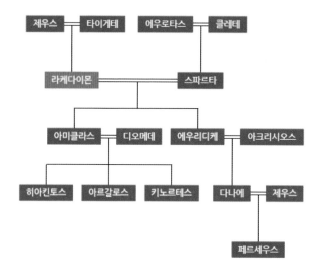

## 신화이야기

### 스파르타의 건설

라케다이몬은 제우스와 님페 타이게테의 아들로 라코니아 왕 에우로타스의 딸 스파르타와 결혼하였다.

에우로타스왕에게는 아들이 없었기 때문에 왕국을 사위 라케다이몬에게 물려주었다. 라케다이몬은 왕국에 새로운 수도를 건설하고 아내의 이름을 따서 스파르타라고 명명하였다. 이때부터 그가 다스린 왕국의 주민들은 라케다이몬인으로 불리게 되었다.

호메로스 시대에는 라케다이몬과 스파르타가 구별 없이 왕국의 이름으로 불렸는데, 나중에 고전시대로 가면 라케다이몬은 도시국가의 정식명칭으로, 스파르타는 국가의 중심도시 이름으로 구별해서 사용되기도 하였다. 하지만 점차 스파르타가 도시국가의 일반적인 명칭으로 사용되었다.

**스파르타의 전사**
청동 술항아리에 새겨진 라코니아풍의 부조,
기원전 510년

스파르타는 훗날 페르시아 전쟁(기원전 5세기) 등을 거치며 아테네를 제치고 그리스의 맹주국으로 부상하였으나 레욱트라 전투에서 테바이에게 패하면서 쇠퇴하였다.('히포' 참조)

### 라케다이몬의 후손들

라케다이몬과 스파르타 사이에서는 아들 아미클라스와 딸 에우리디케가 태어났다.

아미클라스는 아버지에 이어 스파르타의 왕위에 오른 뒤 스파르타 인근에 그의 이름을 딴 새 도시 아미클라이를 건설하였다. 아폴론이 사랑한 미소년 히아킨토스가 그의 아들이라고도 한다.

딸 에우리디케는 아르고스의 왕 아크리시오스와 결혼하여 딸 다나에를 낳았다. 아크리시오스왕은 딸 다나에가 낳은 손자의 손에 죽게 되리라는 신탁을 듣고 딸을 탑 속에 가두었는데 제우스가 황금빗물로 변해 다나에를 범하였다. 다나에가 제우스에게서 낳은 아들이 메두사를 무찌른 영웅 페르세우스다. 아크리시오스는 신탁의 예언대로 손자 페르세우스에 의해 죽음을 맞았다.

파우사니아스의 『그리스 안내』에 따르면 스파르타와 아미클라이 지역 사이에는 라케다이몬왕이 우미의 여신 카리테스에게 지어 바친 신전이 있었다고 한다. 라케다이몬인들이 숭배하는 카리테스 여신은 두 명으로 이름은 파인나(밝은 빛)와 클레타(영광)이다.

# 라티누스 Latinus

요약

그리스 로마 신화에 등장하는 이탈리아 라티움의 왕이다.

아이네이아스가 트로이의 유민을 이끌고 라티움에 도착했을 때 정착할 땅을 내주고 자신의 딸 라비니아를 그와 결혼시켰다. 이에 아이네이아스는 라티움 원주민과 트로이 유민을 결합시킨 새나라 라비니움을 건설하였다.

기본정보

| 구분 | 라티움의 왕 |
| --- | --- |
| 외국어 표기 | 라틴어: Latinus |
| 관련 신화 | 아이네이아스의 이탈리아 정착, 로마 건국 |
| 가족관계 | 아마타의 남편, 라비니아의 아버지 |

인물관계

로마 신화에서 라티누스는 목신 파우누스(그리스 신화의 판)와 숲의 님페 마리카 사이에 태어난 아들로, 사투르누스(그리스 신화의 크로노스)의 직계 자손이다.

라티누스는 아마타와 결혼하여 외동딸 라비니아를 낳았고, 라비니아는 트로이의 영웅 아이네이아스와 결혼하여 로마 왕가의 시조가 되는 아들 실비우스를 낳았다.

그리스 신화에서는 라티누스를 오디세우스 혹은 그의 아들 텔레마
코스와 마녀 키르케 사이에서 태어난 아들로 여긴다.

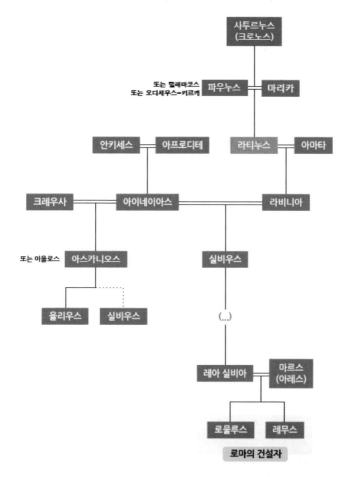

## 신화이야기

### 혈통

라티누스의 가계는 헤라클레스의 신화와 결합하여 또 다른 이야기
로 변형된다. 이에 따르면 헤라클레스는 12과업 중 하나로 게리온의
소떼를 빼앗아 돌아오는 길에 트라키아 북부에 산다는 전설적인 부

족 히페르보레이오이족의 처녀 팔라콘을 인질로 잡았는데, 이탈리아를 지날 때 그곳 원주민을 다스리던 파우누스에게 아내로 주었다고 한다. 하지만 파우누스의 아내가 되었을 때 팔라콘은 이미 헤라클레스의 아이를 임신하고 있었고 그 아이가 바로 라티누스였다는 것이다. 하지만 또 다른 이야기에 따르면 헤라클레스가 이탈리아에 들렀을 때 파우누스의 아내 혹은 딸과 관계를 가져 라티누스를 낳은 것이라고도 한다.

### 라티움에 도착한 아이네이아스 일행

라티누스가 파우누스에 이어 이탈리아 중부 해안의 라티움 지방을 다스리고 있을 때 아이네이아스가 트로이의 유민들을 이끌고 이곳에 도착했다. 라티누스는 아이네이아스 일행을 환대하고 정착할 땅도 자

**라티누스의 궁정에 도착한 아이네이아스**
페르디난트 볼(Ferdinand Bol), 1661~1663년, 암스테르담 국립미술관

진해서 내주었다. 라티누스에게는 라비니아라는 외동딸이 있었는데 신탁이 그에게 딸을 이방인에 내주어야 한다고 지시하였으므로 그는 아이네이아스를 딸의 남편으로 삼으려고 했다. 사실 라비니아는 이미 이웃 부족 루툴리족의 왕이자 아마타 왕비의 조카인 투르누스에게 주기로 약속이 되어 있었지만 라티누스는 이에 개의치 않았다.

### 라티움의 신성한 사슴을 죽인 아스카니오스

하지만 그러고 나서 얼마 뒤 뜻밖의 사건으로 라티움 원주민과 트로이 유민 사이에 불화가 발생했다. 아이네이아스의 아들 아스카니오스가 사냥을 하다 실수로 신성한 암사슴을 죽이자 화가 난 원주민 청년들과 아스카니오스 일행 사이에 싸움이 벌어졌던 것이다. 처음부터 라비니아를 아이네이아스에게 주는 것이 못마땅했던 라티누스의 아내 아마타는 조카 투르누스와 함께 라티누스를 부추겼고 결국 원주민들과 트로이인들 사이에 전쟁이 벌어졌다.

전쟁은 아이네이아스의 승리로 끝이 났다. 투르누스는 아이네이아스와의 일대일 결투에서 목숨을 잃었고 아마타는 투르누스가 죽었다는 소식을 듣고 자결했다. 하지만 이 소식은 잘못된 소식이었고 그때 투르누스는 아직 살아있었다고 한다.

### 라비니움의 건설과 라티누스의 죽음

전쟁을 바라지 않았던 라티누스는 전투에 참가하지 않은 채 아이네이아스와 결투를 벌이려는 투르누스를 만류했지만 소용이 없었다. 전쟁 중에도 그는 아이네이아스 진영과 협상을 벌여 죽은 병사들을 땅에 묻을 수 있게 하였고 투르누스가 죽은 뒤에는 트로이인들과 평화협정을 맺었다. 전쟁이 끝난 뒤 라티누스는 딸 라비니아를 아이네이아스와 결혼시키고 라티움의 왕위도 그에게 물려주었다. 이에 아이네이아스는 라티움 원주민과 트로이 유민을 결합시킨 새로운 왕국을 건설하고 이를 라비니아의 이름을 따서 라비니움이라고 명명했다.

하지만 다른 전승에 따르면 이 전쟁에서 라티누스는 아이네이아스와 손을 잡고 투르누스를 상대로 싸웠으며 전쟁의 와중에 목숨을 잃었다고 한다. 또 다른 전승은 라티누스가 전사하지 않고 전쟁 중에 사라져 '유피테르 라티알리스'라는 이름으로 신의 반열에 올랐다고 이야기하기도 한다.

로마의 전신인 라티움과 이 지역의 언어를 이르는 라틴어라는 명칭은 모두 그의 이름에서 유래하였다.

**회의를 집전하는 라티누스**
웬세슬라우 홀러(Wenceslaus Hollar), 17세기
토마스 피셔 희귀도서 도서관
: 베르길리우스의 『아이네이스』에 수록된 에칭화

# 레다 Leda

## 요약

그리스 신화에 나오는 스파르타 왕 틴다레오스의 아내이다.

백조로 변신한 제우스에게 유혹되어 임신한 뒤 낳은 알에서 미녀 헬레네와 디오스쿠로이 형제가 태어났다. 하지만 또 다른 전승에 따르면 헬레네 등이 태어난 알은 복수의 여신 네메시스가 제우스와 사이에서 낳은 알이며, 레다가 그 알에서 태어난 아이들을 자기 자식으로 키웠을 뿐이라고 한다.

## 기본정보

| 구분 | 왕비 |
|------|------|
| 외국어 표기 | 그리스어: Λήδα |
| 관련 상징 | 백조 |
| 관련 신화 | 헬레네, 디오스쿠로이 |

## 인물관계

레다는 아이톨리아 왕 테스티오스와 에우리테미스 사이에서 태어난 딸로 톡세우스, 플렉시포스와 남매이고 알타이아, 히페름네스트라와 자매이다.

레다는 스파르타 왕 틴다레오스와 결혼하여 디오스쿠로이 형제(폴리데우케스와 카스토르)와 헬레네, 클리타임네스트라, 티만드라, 필로노에,

포이베 등의 딸들을 낳았다. 하지만 헬레네와 디오스쿠로이 형제는 레다가 제우스와 사이에서 낳은 자식이라는 이야기가 있고, 레다가 아니라 복수의 여신 네메시스가 제우스와 사이에서 낳은 자식이라는 이야기도 있다.

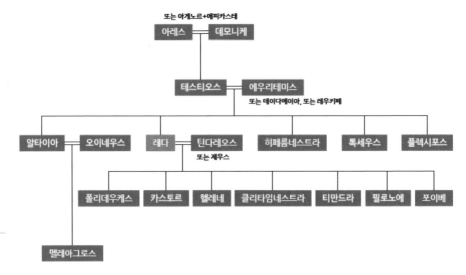

## 신화이야기

### 레다와 백조

스파르타 왕 틴다레오스의 아내인 아름다운 레다에게 반한 제우스는 백조로 변신하여 그녀와 사랑을 나누었다. 레다는 같은 날 밤 틴다레오스와도 잠자리를 가졌다. 얼마 뒤 레다는 두 개의 알과 두 명의 아기를 낳았는데, 알에서는 헬레네와 폴리데우케스가 태어났고 아기로 태어난 두 명은 카스토르와 클리타임네스트라였다고 한다.

하지만 이들의 탄생에 관해서는 여러 이야기가 있다. 두 개의 알 중한 개에서 헬레네가 태어나고 나머지 한 개에서 폴리데우케스와 카스토르 형제가 태어났으며 클리타임네스트라만이 아기로 태어났다는

**레다와 백조**
미켈란젤로 부나로티(Michelangelo Buonarroti), 1530년, 런던 내셔널갤러리

이야기도 있고, 두 개의 알 중 한 개에서 헬레네와 폴리데우케스가 태어났고 또 한 개에서 클리타임네스트라와 카스토르가 태어났다는 이야기도 있다. 하지만 일반적으로 헬레네와 클리타임네스트라는 아버지가 다른 자식으로 간주되었고, 폴리데우케스와 카스토르는 쌍둥이 형제로서 디오스쿠로이(제우스의 아들들)라는 별칭으로 불리었다.

또 다른 이야기에 따르면 헬레네와 디오스쿠로이 형제가 태어난 알은 레다가 낳은 것이 아니라 복수의 여신 네메시스가 제우스에게서 낳은 것이라고 한다. 네메시스는 제우스가 자신을 연모하여 쫓아오자 여러 가지 동물의 모습으로 변신하면서 그를 피했는데, 그녀가 거위로 변신하였을 때 제우스가 재빨리 백조로 변신하여 기어코 욕망을 채웠다. 얼마 뒤 네메시스가 숲에서 알을 낳았는데, 알이 목동들에게 발견되어 틴다레오스의 아내 레다에게 바쳐졌고 레다는 알에서 아이들이 태어나자 이들을 친자식처럼 키웠다고 한다.

　그 후 헬레네는 그리스 최고의 미녀로 자라났다. 헬레네는 열두 살 때 이미 영웅 테세우스가 자신의 아내로 삼고자 납치한 바 있으며, 결혼 적령기가 되었을 때는 그리스 전역에서 구혼자들이 구름처럼 몰려들어 아버지 틴다레오스왕의 선택을 힘들게 만들었다.

　틴다레오스는 어느 한 사람이 남편으로 정해졌을 때 다른 구혼자들이 가만히 있지 않을까봐 두려워했는데 이 문제를 해결한 사람이 지략가 오디세우스였다.

　오디세우스는 남편감을 결정하기에 앞서 모든 구혼자들에게 누가 남편으로 선택받든 그 권리를 인정하고 부부를 지켜주겠다는 서약을 받아내도록 하였고, 헬레네는 아버지 틴다레오스의 총애를 받고 있던 메넬라오스와

**레다와 백조**
레오나르도 다 빈치(Leonardo da Vinci), 1510∼1515년경
로마 보르게세 미술관

무사히 결혼할 수 있었다. 이 '구혼자의 서약'은 나중에 헬레네가 파리스와 함께 트로이로 도주하였을 때 스파르타와 트로이 사이의 갈등이 그리스 전체의 문제로 확산되는 계기가 되었다. 그리스 전역의 영웅과 왕들이 구혼자의 서약에 묶여 스파르타와 트로이의 전쟁에 참전해야 했기 때문이다.

### 디오스쿠로이

폴리데우케스와 카스토르의 출생 역시 의견이 분분하지만 아버지가 같든 다르든 그들은 동시에 태어난 쌍둥이 형제로 '디오스쿠로이(제우스의 자식들)'라고 불리며 남다른 우애를 과시했다.

폴리데우케스와 카스토르는 거친 모험을 즐기는 건장하고 용감한 청년으로 성장한 뒤 늘 함께 붙어 다니며 신화 속의 각종 유명한 모험과 사건에 이름을 올렸다. 그들은 이아손이 이끄는 아르고호 원정대의 일원이 되어 황금양털을 찾으러 콜키스에 다녀왔고 칼리돈의 멧돼지 사냥에도 참가했다. 또 테세우스가 누이 헬레네를 납치해가자 아테네를 공격하여 직접 누이를 찾아오기도 했다.

디오스쿠로이는 메세네의 왕 아파레우스의 쌍둥이 아들 이다스와 린케우스 형제와 훔친 소떼 분배 문제로 벌어진 싸움에서 둘 다 치명적인 상처를 입고 죽었다. 이때 제우스는 자신의 아들인 폴리데우케스를 올림포스로 데려가 불사신으로 만들려고 했다.(이것은 폴리데우케스만이 제우스의 아들이고 카스토르는 틴다레오스의 아들이라는 전승에 따른 이야기이다.) 하지만 폴리데우케스는 카스토르가 하계의 어둠 속에 갇혀 있는데 자기만 불사의 행복을 누릴 수 없다며 아버지 제우스에게 자신들이 함께 있을 수 있게 해달라고 간청했다. 제우스는 청을 받아들여 형제가 함께 절반은 하계에서 절반은 올림포스에서 지낼 수 있도록 허락하였다. 나중에 제우스는 이들 형제를 하늘에 올려 보내 별자리로 만들었는데 이것이 쌍둥이자리이다.

**카스토르와 폴리데우케스**
로마시대 조각 복사품, 조셉 놀켄스
(Joseph Nollekens), 영국 박물관
©ketrin1407@Wikimedia(CC BY-SA)

# 레무리아 Lemuria

요약

  레무리아는 로마 신화에 나오는 망령 레무레스를 쫓아내는 정화의 식이다. 고대 로마에서는 매년 집안에 머무는 유해한 망령들을 쫓아내는 이 의식을 레무리아 축제라고 불렀다.

## 기본정보

| 구분 | 사물 |
|------|------|
| 상징 | 정화의식, 잡귀 퇴치 |
| 관련 상징 | 검은 콩 |
| 관련 신화 | 로물루스와 레무스 |

## 신화이야기

### 레무리아 축제

  고대 로마에서는 안식을 얻지 못한 채 원한을 품고 떠도는 망령들을 레무레스라고 불렀는데 이 망령들이 사람들에게 해코지를 하거나 가정에 불행을 가져다 준다고 여겼다. 그래서 매년 5월 9일과 11일 그리고 13일, 삼일에 걸쳐 각 가정에서 이 원혼들을 쫓아내는 의식을 거행했다. 레무리아 축제라 불리는 이 퇴마 의식은 보통 각 가정의 가장이 강낭콩(누에콩)을 가지고 다음과 같은 방식으로 행하였다.

축제일 자정에 가장이 손을 깨끗이 씻고 맨발로 집안을 걸어 다니며 시선은 앞으로 두고 어깨 너머로 검은 콩을 던지면서 이렇게 아홉 번 주문을 외운다.

"이 콩을 받으시오. 이 콩으로 나는 나와 내 가족들을 사는 것이오."

그러면 혼령들이 바닥에 떨어진 콩들을 주워 모은다고 믿어졌다. 그런 후에 가장은 다시 한 번 손을 씻고 집에 있는 청동 그릇을 두들기면서 마찬가지로 아홉 번 다음과 같은 주문을 크게 외친다.

"조상님의 혼령들이여, 이제 떠나시오."

마지막으로 가장이 뒤를 돌아보면 흡족한 혼령들이 그 집을 떠나 한 해 동안 돌아오지 않는다는 것이다.

이 축제가 열리는 5월 한 달 동안 신을 모시는 사원은 문을 닫고 결혼식도 열리지 않았다. 혹시라도 5월에 결혼식이 열리면 신랑신부는 화를 입는다고 여겨져 다음과 같은 속담이 생기기도 했다.

"5월에 결혼을 하는 자는 질병과 결혼하는 것이다."

## 오비디우스가 전하는 축제의 기원

오비디우스에 의하면 이 축제의 기원은 로마의 건설자 로물루스부터 시작한다. 그에 따르면 레무리아라는 명칭은 Remuria에서 유래하는데 이는 로물루스에게 죽임을 당한 레무스의 원래 이름이다.

로물루스는 자기 형제 레무스를 죽인 후에 그의 영혼을 달래기 위해서 이런 의식을 거행하였고, 이후 원혼을 달래거나 퇴치하는 관습이 로마 사회에 전승되었다는 것이다. 하지만 현대학자들은 오비디우스의 이런 추측을 신빙성이 없다고 본다.

## 기독교 축일로 변한 레무리아 축제

또 다른 속설에 의하면 원혼들을 달래는 이런 이교도적 축제는 609년(혹은 610년) 교황 보니파체 4세에 의해 기독교적 축제로 변했다고 한다. 교황 보니파체 4세는 그해 5월 13일에 로마 판테온에서 성모 마리아와 모든 성인들(혹은 순교자들)을 위한 축일을 선포했는데 이것이 그리스도교의 '모든 성인들을 위한 축일'의 기원이 되었다는 것이다.(이 축일은 9세기 초반부터 11월 1일로 옮겨 지켜지고 있다.)

# 레무스 Remus

## 요약

로마를 건설한 것으로 알려진 전설적인 왕 로물루스의 쌍둥이 형제이다. 로물루스와 레무스는 태어나자마자 알바 롱가의 왕 아물리우스에 의해 티베리스 강가에 버려졌으나 암늑대의 젖을 먹으며 목숨을 부지하다 목동에게 발견되었다.

성년이 된 레무스는 로물루스와 함께 아물리우스왕을 죽이고 팔라티누스 언덕 기슭에 새 도시 로마의 기틀을 마련하였지만 도시를 건설하는 과정에서 시비가 발생하여 로물루스의 손에 목숨을 잃었다.

## 기본정보

| 구분 | |
|------|------|
| 관련 상징 | 암늑대 |
| 관련 신화 | 로마 건국신화 |

표의 첫 행: 구분 / 왕자

## 인물관계

로물루스와 레무스는 트로이 유민을 이끌고 이탈리아로 건너온 아이네이아스의 후손인 알바 롱가의 왕 누미토르의 딸 레아 실비아가 군신 마르스(그리스 신화의 아레스)와 정을 통해 낳은 자식이다.

## 신화이야기

### 탄생

　로물루스와 레무스는 아이네이아스의 후손인 누미토르의 딸 레아 실비아가 낳은 쌍둥이 형제이다. 알바 롱가 왕국의 13대 왕 프로카스의 맏아들이었던 누미토르는 부왕에 이어 왕위를 물려받았지만 동생 아물리우스에 의해 왕좌에서 쫓겨났다. 아물리우스는 자신의 왕위 찬

**로물루스와 레무스**
페테르 파울 루벤스(Peter Paul Rubens), 1616년, 로마 카피톨리니 박물관

탈에 대한 후환을 없애기 위해 누미토르의 아들들을 모두 죽이고 딸 레아 실비아는 베스타 여신의 사제로 만들었다. 베스타 여신을 모시는 사제는 평생 처녀로 지내야 하므로 누미토르의 후손이 태어날 염려가 없었기 때문이었다.

  하지만 레아 실비아는 제단에 바칠 물을 길러 신성한 숲으로 갔다가 마르스와 사랑을 나누어 쌍둥이 아들을 낳았다.(일설에는 그녀가 잠든 사이에 마르스가 겁탈하였다고도 한다.) 그러자 아물리우스는 두 아이를 티베리스 강에 내다버리게 하였다. 아물리우스의 시종들이 쌍둥이를 광주리에 넣어 강물에 띄워 보냈는데 홍수로 강물이 불어 광주리는 바다로 흘러가는 대신 상류인 팔라티누스 언덕 기슭에 있는 무화과나무 아래로 밀려갔다. 거기서 로물루스와 레무스는 암늑대에게 발견되었는데 암늑대가 두 아이를 자기 새끼들과 함께 젖을 먹여 길렀다. 일설에 따르면 이 늑대는 마르스가 자기 자식을 돌보기 위해 보낸 것이라고 한다. 또 딱따구리도 날아와 암늑대와 함께 아이들을 돌보았다.(늑대와 딱따구리는 마르스에게 바쳐진 동물이다.) 얼마 뒤 두 아이는 왕의 가축들을 돌보는 목동 파우스툴루스에게 발견되었다. 파우스툴루스는 이들을 자기 집으로 데려가 자식처럼 키웠다.

일설에 따르면 두 형제는 목동 파우스툴루스의 아내 아카 라렌티아가 젖을 먹여 키웠는데

**카피톨리노의 늑대. 늑대의 젖을 먹는 로물루스와 레무스**
로마 카피톨리니 박물관
: 늑대는 기원전 5세기 동상이고 두 아이의 동상은 12세기에 추가된 것이다

그녀는 부정한 행실 때문에 '암늑대'라는 별명을 얻고 있었다고 한다. 라틴어로 암늑대는 창녀를 뜻하는 말이기도 하다.

한편 로물루스와 레무스의 어머니 레아 실비아는 동정을 지켜야 하는 계율을 어긴 죄로 산 채로 매장되었다고도 하고, 티베리스 강에 던져졌지만 하신 티베리누스에게 구출되어 그와 결혼하고 강의 여신이 되었다고도 한다.

## 알바 롱가의 왕을 죽인 로물루스와 레무스

두 아이는 파우스툴루스의 집에서 건장한 청년으로 자라났다. 파우스툴루스는 두 아이를 라티움의 중심지 가비이에 보내 공부도 시켰다고 한다. 공부를 마치고 고향인 팔라티누스의 마을로 돌아온 두 형제는 어느 날 누미토르의 목동들과 싸움이 붙었다. 로물루스가 그들에게서 빼앗은 양떼를 몰고 집으로 돌아가는 사이에 레무스는 다시 공격해온 누미토르의 목동들에게 붙잡혀 끌려가는 신세가 되었다. 누미

토르는 레무스를 심문하다가 이들 쌍둥이 형제가 자신의 손자들일 수도 있다는 생각이 들었지만 그에게서 더 이상의 증거를 찾을 수 없었다.

뒤늦게 레무스가 붙잡혀간 사실을 알게 된 로물루스는 파우스툴루스와 함께 동생을 구출하기 위해 누미토르의 집으로 갔다. 이 과정에서 누미토르는 파우스툴루스로부터 쌍둥이의 출생에 관한 이야기를 듣고 그들이 레아 실비아가 낳은 자신의 손자들이란 사실을 확인할 수 있었다.

자신들의 출생과 관련된 모든 이야기를 들은 로물루스와 레무스는 젊은이들을 규합하여 아물리우스의 궁전으로 쳐들어가 왕을 죽이고 원수를 갚았다.

## 로마의 건설

로물루스와 레무스는 알바 롱가의 왕권을 정당한 왕위계승자인 누미토르에게 맡기고 자신들은 새로운 도시를 건설하기 위해 떠났다. 두 형제는 자신들이 목동에게 처음 발견되었던 장소에 도시를 건설하기로 뜻을 모았다. 하지만 누가 그 일을 지휘할 것인가를 놓고 의견이 엇갈렸다. 그래서 두 형제는 각자가 선택한 지점에서 하늘을 나는 새들을 통해 신들의 뜻을 묻기로 하였다.

그 결과 레무스는 아벤티누스 언덕의 전망 좋은 지점에서 여섯 마리의 독수리가 하늘을 나는 것을 보았고, 로물루스는 팔라티누스 언덕에서 열두 마리의 독수리를 보았다.

신들의 선택을 받은 로물루스는 즉시 황소 두 마리가 끄는 쟁기로 고랑을 파서 도시의 경계를 정하고 흙으로 성벽을 쌓기 시작했다. 하지만 하늘이 자신을 선택하지 않은 것에 화가 난 레무스가 아직 완성되지 않은 성벽을 훌쩍 뛰어넘으며 이렇게 빈약한 벽으로 어떻게 도시를 안전하게 유지할 수 있겠느냐고 로물루스를 비웃었다. 그러자 동

**로물루스의 성벽을 뛰어넘는 레무스**
길버트 아보트 베케트(Gilbert Abbott A Beckett)의 『만화 로마사』에 존 리치(John Leech)가 그린 삽화, 1850년경

생의 모독에 분개한 로물루스가 단칼에 레무스를 죽이고는 "나의 성벽을 뛰어넘는 자는 누구나 이렇게 되리라."고 외쳤다.(또 다른 이야기에 의하면 레무스가 로물루스의 작업을 조롱하다 그의 부하 케레스가 휘두른 곡괭이에 맞아 죽었다고 한다.)

하지만 레무스의 장례식 때 로물루스는 눈물을 흘리며 자신의 행동을 후회하였으며 심지어 낙담하여 스스로 목숨을 끊으려고까지 했다고 한다. 레무스는 아벤티누스 언덕에 묻혔다.

로물루스가 건설한 도시는 그의 이름을 따서 로마라고 불렸다. 로물루스는 33년 동안 로마를 다스리며 부강한 나라로 만들어 '조국의 아버지'라는 칭호를 얻었으며 죽은 뒤에는 신으로 숭배되었다.

# 레소스 Rhesus

요약

트라키아의 왕이다.

트로이 전쟁에서 트로이를 돕기 위해 왔으나 오디세우스와 디오메데
스의 야습을 받아 목숨을 잃고 명마와 전차를 빼앗긴다.


기본정보

| 구분 | 트라키아의 왕 |
|------|------|
| 상징 | 백마, 황금무구, 황금전차 |
| 외국어 표기 | 그리스어: Ῥῆσος |
| 관련 신화 | 헥토르, 오디세우스, 디오메데스, 무사이 |
| 가족관계 | 무사이의 아들, 스트리몬의 아들, 에우테르페의 아들 |

인물관계

고대 그리스의 비극 시인 에우리피데스에 의하면 레소스는 티탄
12신(오케아노스, 코이오스, 크레이오스, 이아페토스, 히페리온, 크로노스, 테
티스, 포이베, 테이아, 레아, 테미스, 므네모시네) 중 하나인 오케아노스와
테티스 사이에서 태어난 강의 신 스트리몬과 무사이(뮤즈)들 중 한 사
람 사이에 태어난 아들이다. 일반적인 이야기에 의하면 레소스의 어머
니는 에우테르페라고 전해진다.

## 신화이야기

### 출생

호메로스에 의하면 트라키아 왕 레소스는 에이오네우스라고 하는데 그의 계보에 대해서는 확인이 되지 않는 상황이다. 그런데 에우리피데스에 의하면 레소스는 강의 신 스트리몬과 무사이 여신들 중의 한 사람 에우테르페 사이에서 태어난 아들이라고 한다. 혹은 칼리오페의 아들이라고도 한다.

에우리피데스는 레소스의 출생을 무사이 여신 중의 한 명인 그의 어머니의 말을 통해 상세하게 전하고 있다. 여기서 레소스의 출생은 트라케의 전설적 가수이자 시인인 타미리스와 연관되어 전해진다. 자신의 음악적 재능에 오만해진 타미리스가 무사이 여신들에게 노래 시합을 하자고 제안한다. 이에 무사이 여신들이 악기를 나르기 위해 강물을 건너다가 그 중 한 명이 그만 강물에 빠져 강의 신 스트리몬의 침대에 들게 되어 임신을 하고 그 결과 레소스가 태어난 것이다.

## 『일리아스』가 전하는 레소스

레소스에 관한 이야기는 대표적으로 호메로스의 『일리아스』와 에우리피데스의 『레소스』에 전해 내려온다. 『일리아스』에서는 레소스에 대한 심중이나 의도에 대한 언급이 전혀 없고 오디세우스와 디오메데스의 공격 목표로 등장할 뿐이다. 따라서 레소스는 오디세우스와 디오메데스를 중심으로 전개되는 사건 속에서 부수적인 인물로서 아주 간결하게 묘사되어 있다. 그럼에도 불구하고 눈에 띄는 점은 레소스는 무구가 황금으로 되어있을 만큼 부유한 왕으로 "눈보다도 희고 바람보다도 빠른" 명마를 가지고 있다는 점이다. 이는 트로이의 첩자 들론이 오디세우스와 디오메데스에게 잡혀 트로이 군대의 상황에 대해 실토하는 말에서 드러난다.

"만약 트로이 사람들 속으로 들어갈 마음이 있다면 말씀드리겠습니다. 막 새로 도착한 트라키아 사람들이 다른 사람들과 떨어져 맨 가장자리에 있으며 그 사이에는 트라키아인들의 왕 에이오네우스의 아들 레소스가 있습니다. 그의 말들은 이제까지 본 말들 중에서 가장 아름답고 가장 크며 눈보다도 희고 바람처럼 빨리 달립니다."

첩자 들론으로부터 트로이군에 관한 정보를 들은 오디세우스와 디오메데스는 바로 그날 밤 트로이군의 야영지에 잠입하여 레소스와 그의 부하들을 죽이고 눈보다 더 흰 명마들과 황금 전차를 훔쳐 돌아온다. 이렇게 해서 레소스는 트로이 전쟁이 시작되고 한참이 지나서야 트로이를 도우러 오지만 전쟁에는 참전하지도 못하고

**레소스의 말을 훔치는 오디세우스와 디오메데스**
적색 도기 그림, 기원전 360년경
나폴리 국립고고학박물관

트로이에 도착한 날 밤에 오디세우스와 디오메데스에 의해 목숨을 잃는다.

### 에우리피데스가 전하는 레소스

앞에서 언급한 바와 같이 『일리아스』에 등장하는 레소스는 부수적인 인물로 아주 간략하게 그려져 있는데 에우리피데스는 호메로스가 전하는 이 인물에 살을 붙여 레소스를 주인공으로 내세운 문학작품을 만들어낸다.

에우리피데스의 작품에서 레소스는 들론이 첩자로 파견된 이후에 트로이에 도착하는 것으로 되어 있다. 헥토르가 전쟁이 시작된 지 10년이 지나서야 온 것에 대해 질책을 하자 레소스는 막 참전하러 가려 하는데 스키타이군이 공격을 해서 전쟁이 벌어졌고 이제야 전쟁이 끝나 트로이 전쟁에 합류하게 되었다고 변명을 한다. 그러나 곧바로 전의를 불태우며 트로이 전쟁을 기필코 승리로 이끌 것이라 장담한다.

"비록 늦게 오기는 했지만 그럼에도 나는 때를 잘 맞춰 왔습니다. 당신은 아무 성과도 없이 10년째 날이면 날마다 아르고스인들에 맞서 위험한 전쟁 노름을 하고 있습니다. 그러나 나는 단 하루 동안에 아카이오이족의 탑들을 정복하고 함선을 습격해서 적들도 죽일 수가 있습니다. 그리고는 다음 날 당신들의 노고를 덜어주고 일리온을 떠나 고향으로 돌아갈 것입니다. 당신들은 그 누구도 방패를 들 필요가 없습니다. 비록 늦게 오기는 했지만 나는 반드시 큰 소리치는 아카이오이족을 창으로 무너뜨리고 돌아오겠습니다."

이처럼 에우리피데스의 작품에 나오는 레소스는 호메로스의 레소스에 비해 용맹성이 돋보인다. 그러나 호메로스의 작품에서와 마찬가지로 트로이에 도착한 그날 밤 오디세우스와 디오메데스에 의해 살해당한다.

레소스의 시신은 무사이 여신 중 한 명인 그의 어머니에 의해 트라키아로 옮겨지고 그의 영혼은 디오니소스의 예언자로서 디오니소스를 추종하는 신자들에게 추종을 받게 된다.

### 레소스의 아내

파르테니오스가 쓴 『사랑의 고통』에 의하면 레소스는 트로이로 원정을 가다가 아르간토에를 만나 결혼했다고 한다. 아르간토에는 남편이 죽었다는 소식을 듣고 그의 시신을 안고 울다가 슬픔을 못 이기고 죽었다고 한다.

### 또 다른 레소스

『신들의 계보』에 의하면 오케아노스와 테티스 사이에 태어난 강의 신들 중에 레소스란 이름의 아들이 있다.

# 레스보스 Lesbos

요약

　그리스 신화에 나오는 레스보스 섬의 통치자로 섬에 이름을 준 인물이다.

　레스보스 섬은 동성애자라는 이야기가 있는 고대 그리스 여류시인 사포가 살았던 곳으로, 여성 동성애자를 가리키는 단어 '레즈비언'이 여기서 유래하였다.

## 기본정보

| 구분 | 레스보스의 왕 |
|---|---|
| 상징 | 레즈비언, 여성 동성애 |
| 외국어 표기 | 그리스어: Λέσβος |
| 가족관계 | 라피테스의 아들 |

## 인물관계

　레스보스는 아이올로스의 아들 라피테스가 낳은 아들이다. 라피타이족의 시조로 알려진 라피테스는 아폴론과 님페 스틸베 사이의 아들이라는 이야기도 있고 아이올로스의 아들이라는 이야기도 있다. 그러므로 레스보스가 라피타이족의 시조

라피테스의 아들이라는 이야기는 후자의 이야기에 기인한다.

레스보스는 마카레우스왕의 딸 메팀나와 결혼하였다.

## 신화이야기

### 레스보스의 통치자

디오도로스의 『역사 총서』에 따르면 라피타이족의 시조 라피테스의 아들 레스보스는 신탁의 명령에 따라 그리스 동부에 있는 한 섬으로 이주하였다고 한다. 그 섬은 태양신 헬리오스와 바다의 님페 로도스 (로데) 사이에서 태어난 마카레우스왕이 다스리고 있었다.

마카레우스는 레스보스를 자신의 딸 메팀나와 결혼시키고 섬의 통치권도 물려주었고 그때부터 섬은 레스보스의 이름을 따서 레스보스 섬이라고 불리게 되었다는 것이다. 그는 섬에 아내의 이름을 딴 도시 메팀나를 건설하였다.

### 레즈비언의 유래

여성 동성애자를 뜻하는 단어 '레즈비언'은 이 신화에 등장하는 섬 이름 레스보스에서 유래하였는데, 이 섬에 살았던 고대 그리스의 여성 시인 사포와 관련이 있다.

사포는 이 섬에서 일종의 여성 공동체를 이루어 살면서 여성들간의 사랑을 노래한 시를 자주 썼기 때문에 당대에 이미 동성애자라는 이야기가 있었다.

**여성 시인 사포**
아티카 적색상 도기, 기원전 470년경
시칠리아 아그리젠토 박물관

근래에 들어 레스보스 섬은 한때 레즈비언들의 순례지로 각광받기도 했지만 현재는 레스보스 섬 주민들과 그리스 레즈비언 협회 사이에 레즈비언이라는 단어의 사용권을 놓고 소송이 진행 중이다. 레스보스 섬 주민들은 '레즈비언'이라는 단어를 자신들만 사용해야 한다고 주장하고 있다.

# 레아 Rhea

## 요약

그리스 신화에서 티탄 신족에 속하는 여신으로 제우스, 포세이돈, 헤라 등 올림포스 주신들을 낳은 어머니이다.

레아는 종종 가이아와 마찬가지로 대모지신(大母地神) 키벨레와 동일시되며 로마 신화의 옵스 여신에 해당한다.

## 기본정보

| 구분 | 티탄 신족 |
|------|----------|
| 상징 | 어머니, 대지, 풍요, 수태 |
| 외국어 표기 | 그리스어: 'Ρέα 혹은 'Ρεία |
| 어원 | '흐르다'를 뜻하는 'rheo'에서 유래 |
| 로마 신화 | 옵스(Ops) |
| 별칭 | 레이아 |
| 별자리 | 토성의 위성 |
| 관련 상징 | 사자 |
| 관련 신화 | 제우스의 탄생 |
| 가족관계 | 우라노스의 딸, 제우스의 어머니, 크로노스의 아내 |

## 인물관계

레아는 가이아와 우라노스 사이에서 난 1세대 티탄 신족으로 크로노스, 오케아노스, 테티스, 므네모시네 등과 형제지간이다.

크로노스와 결혼하여 올림포스 시대의 주신들인 제우스, 헤라, 데메테르, 포세이돈, 하데스, 헤스티아를 낳았다.

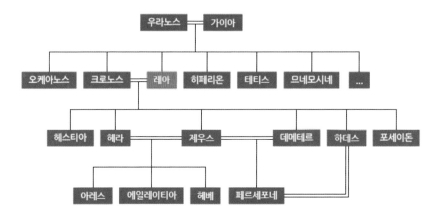

## 신화이야기

### 자식을 삼키는 크로노스

가이아와 우라노스 사이에서 태어난 레아는 남매지간인 크로노스와 결혼하여 그와 함께 시간과 세대의 영원한 흐름을 관장하는 주신

**레아**
마이어백과사전 삽화, 1888년

이 되었다. 그런데 가이아와 우라노스의 예언에 따르면 크로노스는 언젠가 자신이 낳은 자식에 의해 왕좌에서 쫓겨날 운명이라고 했다. 그래서 그는 레아가 임신을 하면 잘 주시하고 있다가 자식을 낳는대로 곧바로 집어삼켰다. 그렇게 크로노스는 레아가 낳은 모든 자식들을 잡아먹었다.

### 제우스의 탄생

연이어 자식을 잃은 레아는 커다란

슬픔에 잠겼다. 또 다시 아이를 낳게 되었을 때 그녀는 가이아에게 도움을 청했고 가이아는 크레타의 릭토스에 아이를 감춰 주었다. 가이아의 도움으로 재빨리 아이를 빼돌린 레아는 대신 돌덩이를 강보에 싸서 크로노스에게 건네주었고, 크로노스는 만족스럽게 그것을 자기 뱃속으로 집어넣었다. 감춰진 아기는 크레타에서

**돌을 강보에 싸서 크로노스에게 건네는 레아**
오뱅 루이 밀랭(A.L. Millin)의 『신화 갤러리』
수록 삽화, 1811년

암염소 아말테이아의 젖과 이데 산 꿀벌들의 꿀을 먹으며 자랐고, 그가 제우스이다.

## 크로노스를 쫓아낸 제우스

제우스는 성년이 되자 아버지 크로노스의 권능을 제 손에 넣기 위해 지혜의 여신 메티스에게 조언을 구했다. 메티스는 제우스에게 크로노스가 삼킨 자식들을 도로 토해 내게 하는 약을 주었다. 메티스의 약을 크로노스에게 몰래 먹여서 형제들을 되살려 낸 제우스는 그들과 힘을 합쳐 크로노스와 티탄 신족을 공격했다. 싸움은 10년 동안 계속되었고 제우스는 키클로페스

**사자에 올라탄 레아**
페르가몬 대제단 부조, 기원전 2세기, 베를린 페르가몬 박물관

의 도움으로 마침내 승리를 거두고 예언대로 크로노스를 신들의 왕좌에서 쫓아냈다.

## 신화해설

### 대지의 여신

그리스 신화에서 가이아는 모든 신들의 근원적인 어머니인 대지의 여신으로 묘사되는데 간혹 레아도 가이아와 마찬가지로 대지의 여신, 신들의 어머니로 등장한다.

가이아와 레아는 모두 아들을 등에 업고 남편을 권자에서 내쫓는 여신으로 등장한다는 공통점도 있다. 하지만 이때 가이아가 산과 들판과 사막을 모두 포괄하는 대지의 근원적인 힘을 의미한다면, 레아는 대지의 생산성을 의인화한 여신이라고 하겠다. 레아의 이런 이미지는 다시 대지에서 자라는 곡물을 관장하는 올림피아 세대의 여신 데메테르와 동일시되기도 한다.

로마 시대에는 고대 프리기아 지방의 대모지신(大母地神, Magna Mater) 키벨레가 그리스 신화의 레아와 같은 여신으로 묘사되었다. 그래서 일부 학자들은 동일한 신성이 각기 다른 형상으로 표현되고 숭배된 것으로 보기도 한다.

칼 구스타프 융의 정신분석학에서는 레아를 어머니의 원형(archetype)으로 해석한다.

### 토성의 위성

레아는 토성의 두 번째로 큰 위성의 이름이기도 하다. 토성은 새턴(Saturn) 즉 로마 신화의 사투르누스의 이름이 붙은 행성이다. 사투르누스는 그리스 신화의 크로노스에 해당한다.

# 레안드로스 Leander

요약

  그리스 로마 신화에 나오는 아비도스의 청년이다.

  그는 헬레스폰토스 해협을 사이에 두고 마주한 세스토스 섬에 사는 처녀 헤로를 사랑하여, 매일 밤 헤엄쳐서 해협을 건너다 어느 날 폭풍을 만나 물에 빠져 죽었다. 다음 날 바닷가에 밀려온 연인의 시체를 보고 헤로도 스스로 목숨을 끊었다.

기본정보

| 구분 | 신화 속 인물 |
|---|---|
| 상징 | 애틋한 사랑 |
| 외국어 표기 | 그리스어: Λέανδρος |
| 별칭 | 레안더(Leander) |
| 관련 지명 | 다르다넬스 해협 |
| 관련 신화 | 헤로와 레안드로스 |

인물관계

  레안드로스는 헬레스폰토스 해협의 바닷가 마을 아비도스의 청년으로, 해협을 사이에 둔 세스토스 섬의 처녀 헤로의 연인이었다고만 알려져 있다.

## 신화이야기

### 헤로와 레안드로스

헤로는 세스토스 섬에 있는 아프로디테 신전의 무녀이고 레안드로스는 헬레스폰토스(지금의 다르다넬스) 해협을 사이에 두고 섬 건너편에 있는 아비도스 마을의 청년이었다. 두 사람은 축제에서 만나 서로 사랑하는 사이가 되었다. 하지만 헤로는 아프로디테 여신을 섬기는 여사제로서 처녀성을 지켜야 하는 몸이었기 때문에 레안드로스는 그녀와 결혼할 수가 없었다.

두 연인은 남몰래 만나 사랑을 나누어야 했는데, 레안드로스는 매일 밤 헤로가 자기 집의 탑 위에 밝혀두는 등불에 의지하여 해협을 헤엄쳐 건너가 헤로와 만나고 날이 밝기 전에 돌아오기를 계속했다. 그런데 어느 날 밤 갑작스런 폭풍으로 등불이 꺼지는 바람에 해협을 건너던 레안드로스는 어둠 속에서 길을 잃고 헤매다 탈진하여 물에 빠져 죽고 말았다. 이튿날 아침 레안드로스의 시체가 파도에 밀려 헤로의 집 탑 바로 아래까지 왔고 이를 발견한 헤로는 슬픔을 이기지 못하고 탑에서 몸을 던졌다.

**헤로와 레안드로스**
윌리엄 에티(William Etty), 1828년
런던 테이트브리튼 갤러리

### 관련 작품

두 연인의 이야기는 고대부터 현대에 이르기까지 수많은 작가와 예술가들에게 영감을 주었다.

고대 로마의 시인 베르길리우스는 〈농경시〉에서 오비디우스는 〈헤로이데스〉에서 각각 이 전설을 언급하였고, 비잔틴 시대의 그리스 시인 무사이오스는 이들의 사랑을 주제로 유명한 시 〈헤로와 레안드로스〉를 지었다.

**헤로의 마지막 시선**
프레데릭 레이턴(Frederic Leighton), 1880년

근대에 들어서는 엘리자베스 시대의 영국 작가 크리스토퍼 말로가 무사이오스의 시에서 영감을 받아 두 연인에 관한 서사시 〈헤로와 레안드로스〉를 썼고, 셰익스피어는 『베로나의 두 신사』에서 이들의 이야기로 극을 시작하고 있으며, 프리드리히 헨델은 로마에 거주할 때 이탈리안 솔로칸타타 〈레안드로스의 사랑〉을 작곡하였다. 그 후에는 독일 작가 프리드리히 실러의 발라드(담시, 譚詩) 〈헤로와 레안드로스〉와 오스트리아 작가 프란츠 그릴파르처의 비극 『바다와 사랑의 파도』가 이 전설을 다루었다.

영국의 낭만파 시인 바이런은 직접 다르다넬스 해협을 헤엄쳐 건너서 이들의 사랑을 증명한 뒤 〈아비도스의 신부〉라는 시를 쓴 것으로 유명하다.

그밖에도 테니슨은 〈헤로가 레안드로스에게〉라는 제목의 시를 써서 두 연인에게 바쳤고, 독일의 현대 작가 에리히 마리아 레마르크는 소설 『리스본의 밤』에서 이 전설을 작품의 중요한 테마로 사용하였다.

# 레우케 Leuce

요약

  대양의 신 오케아노스의 아름다운 딸이다.

  지하세계의 신 하데스는 오케아노스의 딸 중에서도 가장 아름다운 레우케를 납치하여 지하세계로 데려간다. 그런데 레우케는 불멸의 존재가 아니기 때문에 시간이 흐르면서 수명이 다하여 죽음을 맞이한다. 슬픔에 잠긴 하데스는 레우케를 엘리시온 평원으로 데려가 은백양나무로 변하게 한다.

기본정보

| 구분 | 님페 |
|------|------|
| 상징 | 이승과 저승 |
| 외국어 표기 | 그리스어: Λεύκη |
| 어원 | 하얀, 하얀 포플러의 |
| 관련 신화 | 하데스 |
| 가족관계 | 테티스의 딸, 오케아노스의 딸 |

인물관계

  대양의 신 오케아노스와 테티스 사이에 태어난 딸들 중 한 명이다.

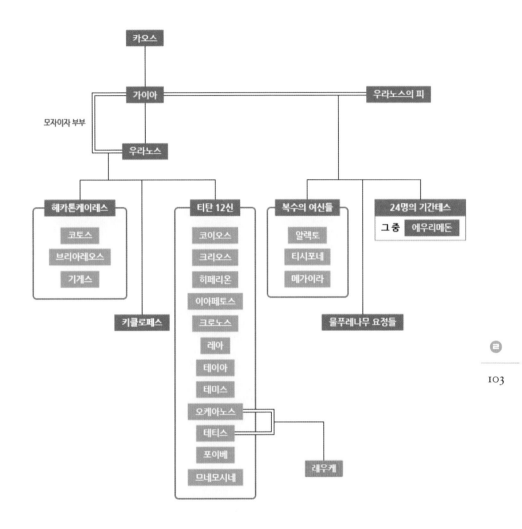

카오스

가이아            우라노스의 피

모자이자 부부

우라노스

**헤카톤케이레스**
- 코토스
- 브리아레오스
- 기게스

키클로페스

**티탄 12신**
- 코이오스
- 크리오스
- 히페리온
- 이아페토스
- 크로노스
- 레아
- 테이아
- 테미스
- 오케아노스
- 테티스
- 포이베
- 므네모시네

레우케

**복수의 여신들**
- 알렉토
- 티시포네
- 메가이라

물푸레나무 요정들

**24명의 기간테스**
그중 에우리메돈

ㄹ

103

신화이야기

레우케는 대양의 신 오케아노스의 아름다운 딸이다. 레우케 신화는 세르비우스가 쓴 『베르길리우스 시 해석서』에 전해져 내려온다.

레우케는 오케아노스의 딸들 중에서 가장 아름다운 딸로 알려져 있다. 지하세계의 신 하데스가 레우케를 납치하여 지하세계로 데려가는데 레우케는 신이 아니기 때문에 불멸의 존재가 아니어서 시간이 흐르자 수명이 다하여 죽음을 맞이한다. 슬픔에 잠긴 하데스는 레우케를 엘리시온 평원으로 데려간다. 엘리시온 평원이란 일명 '축복받은 사람들의 섬'으로 영웅들이나 덕이 있는 등 신들의 사랑을 받은 사람들이 죽은 후에 그들의 영혼이 머무는 낙원과도 같은 곳이다.

하데스는 엘리시온 평원에서 레우케를 은백양나무로 변하게 하고 은백양나무는 하데스의 신성한 나무가 된다. 은백양나무는 나뭇잎의 양면이 다른 색으로 되어있는데 앞면은 짙은 녹색이고 뒤쪽은 하얀 색깔로 되어 있다. 고대 그리스 사람들은 나뭇잎의 서로 다른 색이 이승과 저승을 상징한다고 생각했다.

파우사니아스에 의하면 헤라클라스는 아케론 강의 강둑에서 은백양나무를 보았다고 한다. 이 강은 죽은 사람이 황천에 오게 되면 반드시 건너야 하는 강으로 강 하나만 건너면 이승과 저승이 갈리는 것이다. 이 강의 뱃사공 카론은 죽은 사람들에게 뱃삯을 요구했다고 한다. 그래서 죽은 사람들의 입에 뱃삯으로 돈을 넣어주는 풍습이 있었다고 한다.

이승과 저승의 접점인 아케론 강의 둑에 이승과 저승을 동시에 상징하는 은백양나무들이 자라고 있다는 것은 우연이 아닐 것이다. 그리고 살아있는 사람으로서 지하세계를 넘나든 헤라클레스가 그 나무들을 발견했다는 것도 우연이 아닐 것이다.

헤라클레스의 12과업 중에서 마지막 과업이 하데스의 지하세계를 지키는 개 케르베로스를 지상으로 데려오는 것인데, 그가 케르베로스를 지상으로 데려올 때 은백양 나뭇잎으로 만든 관을 썼다고 한다.

파우사니아스에 의하면 엘리스 지방에서는 제우스에게 제사를 드릴 때 오로지 은백양나무만 사용했다고 한다.

# 레우코스 Leucus

요약

그리스 신화에 나오는 청동 거인 탈로스의 아들이다.

아버지로부터 버림받고 크레타 왕 이도메네우스의 궁에서 아들처럼 자랐으나, 이도메네우스가 트로이 전쟁에 나간 사이에 그의 아내를 범하고 그의 처자식을 모두 살해하였다. 이도메네우스는 전쟁이 끝난 뒤 귀향하였으나 레우코스에 의해 나라에서 쫓겨나 이탈리아에 유배되었다.

기본정보

| 구분 | 왕 |
|------|-----|
| 상징 | 은혜를 원수로 갚은 악당 |
| 외국어 표기 | 그리스어: Λεῦκος |
| 어원 | 흰색 |
| 관련 신화 | 트로이 전쟁 |
| 가족관계 | 탈로스의 아들 |

인물관계

레우코스는 청동 거인 탈로스의 아들이며 이도메네우스의 딸 클레이시테라와 약혼하였으나 그녀를 살해하였다.

그의 아버지 탈로스는 청동 종족의 마지막 후손이라고도 하고, 크레타 섬의 시조 크레스왕의 아들이라고도 하고, 헤파이스토스(혹은 다이달로스)가 제작한 인조인간이라고도 한다.

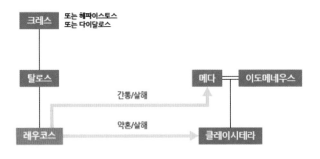

## 신화이야기

### 은혜를 원수로 갚은 레우코스

　레우코스는 태어나자마자 아버지 탈로스로부터 버림을 받았는데 크레타의 왕 이도메네우스가 그를 데려다 아들처럼 키워주었다.

　이도메네우스가 트로이 전쟁에 나가게 되자 레우코스를 딸 클레이시테라와 약혼시킨 뒤 자신의 왕국과 가족을 돌봐달라고 맡기고 전쟁터로 떠났다. 하지만 레우코스는 아들 팔라메데스에 대한 복수의 일념에 사로잡힌 나우플리오스의 꾀임에 넘어가 이도메네우스의 아내 메다를 유혹하여 범한 뒤 살해하였다.('나우플리오스' 참조) 그는 또 이도메네우스의 두 아들 이피클로스와 리코스 그리고 그를 피해 신전으로 도망친 약혼녀 클레이시테라까지 모두 살해하였다.

　크레타의 왕권을 완전히 장악한 레우코스는 이도메네우스가 트로이 전쟁에서 돌아오자 그를 왕국에서 추방하고 크레타의 왕이 되었다. 크레타 섬에서 쫓겨난 이도메네우스는 이탈리아의 칼리브리아에 유배되었다.

**이도메네우스의 귀환**
자크 가믈랭(Jacques Gamelin), 18세기, 툴루즈 오귀스탱 미술관

**팔라메데스의 억울한 죽음과 나우플리오스의 복수**

나우플리오스가 레우코스를 꾀어 이와 같은 악행과 패륜을 저지르게 만든 데에는 다음과 같은 연유가 있었다.

에우보이아의 왕 나우플리오스의 아들 팔라메데스는 켄타우로스족의 현자 케이론에게 교육을 받은 현명하고 지략이 뛰어난 인물이었다. 심지어 오디세우스보다도 더 지략이 뛰어나다는 평을 들을 정도였다. 하지만 트로이 전쟁에 그리스 연합군의 일원으로 참전한 팔라메데스는 군대를 모으는 과정에서 오디세우스에게 원한을 사는 바람에 그의 모함에 빠져 때 이른 죽음을 맞게 된다.

아들을 잃은 나우플리오스는 남은 삶을 오로지 아들의 억울한 죽음을 복수하는데 바쳤는데, 그의 복수 방법은 전쟁에 나간 그리스 장수들의 아내를 차례로 꾀어 남편을 배반하고 간통을 하게 만드는 것이었다. 아가멤논의 아내 클리타임네스트라, 이도메네우스의 아내 메다, 디오메데스의 아내 아이기알레이아가 모두 그의 꾐에 넘어가 부정을 저질렀으며, 전쟁에서 돌아온 남편을 정부와 함께 죽이거나(클리타임네스트라) 나라에서 추방하였다.('메다', '아이기알레이아' 참조)

나우플리오스는 오디세우스의 아내 페넬로페도 유혹하였지만 그녀는 넘어가지 않았다. 나우플리오스는 또 그리스 함대가 전쟁에 승리하고 귀향할 때 에우보이아 남쪽 타피레우스 곶 부근의 암초에 큰 불을 피워 등대처럼 보이게 했다. 이를 보고 항구가 가까워졌다고 믿은 그리스 함대는 안심하고 불빛 쪽으로 배를 돌렸다가 암초에 부딪혀 모두 침몰하고 말았다. 오일레우스의 아들 소(小)아이아스도 이때 죽었다고 한다.

# 레우코시아 Leucosia

## 요약

그리스 신화에 나오는 반인반조(伴人伴鳥)의 괴물 세이레네스 자매 중 한 명이다. 바닷가 외딴 섬에 살면서 매혹적인 노래를 불러 근처를 지나는 배들을 좌초시켰다.

이탈리아 남서부 티레니아 해의 파이스툼 만 맞은편에 있는 레우코시아 섬(오늘날의 리코사 섬)은 그녀의 이름에서 유래하였다.

## 기본정보

| 구분 | 괴물 |
|---|---|
| 상징 | 치명적인 유혹 |
| 외국어 표기 | 그리스어: Λευκόσια |
| 어원 | 하얀 여인 |
| 관련 지명 | 나폴리 |
| 관련 신화 | 오디세우스의 귀향, 아르고호 원정 |
| 가족관계 | 아켈로오스의 딸, 테르프시코레의 딸, 파르테노페의 자매, 리게이아의 자매 |

## 인물관계

레우코시아는 강의 신 아켈로오스가 무사이 중 하나인 테르프시코레(혹은 멜포메네, 혹은 칼리오페)와 사이에서 낳은 딸로 다른 두 자매 파르테노페, 리게이아

와 함께 세이레네스라는 이름으로 불리었다.

세이레네스는 '휘감는 자', '옴짝달싹 못하게 얽어매는 자'라는 뜻이다.


## 신화이야기

### 세이레네스 자매

세이레네스(단수형 세이렌)에 관해서 언급된 가장 오래된 문헌인 호메로스의 『오디세이아』에서 세이레네스는 아직 개별적인 이름으로 불리지 않았다. 플루타르코스나 트제트제스 같은 후대의 작가들에 와서야 비로소 세이레네스는 각자의 이름을 얻게 된다.

문헌마다 자매의 이름과 수에 차이가 있는데 고대 그리스의 역사가 스트라본은 세이레네스가 레우코시아, 파르테노페, 리게이아 등 세 자매라고 했다.

그에 따르면 레우코시아는 다른 두 자매와 함께 이탈리아 남부 해안의 외딴 섬에서 살았으며, 자매들의 아버지는 강의 신 아켈로오스라고 한다.

**오디세우스와 세이레네스**
아티카 적색상 도기, 기원전 480년경, 영국 박물관

### 레우코시아 섬의 유래

호메로스의 『오디세이아』에서 오디세우스는 트로이 전쟁을 끝내고 고향 이타카로 돌아가는 길에 세이레네스의 섬을 지나게 된다. 그는 이미 마녀 키르케로부터 세이레네스가 부르는 노래의 치명적인 위험에 대해 들었기 때문에 부하들에게 밀랍으로 귀를 막고 노를 젓게 하였다. 하지만 자기 자신은 그녀들의 노래를 들어보기 위해 돛대에 몸을 묶고 귀를 막지 않은 채로 세이레네스의 섬을 지나갔다.

이아손과 아르고호 원정대도 세이레네스의 섬을 지나갔는데 이때는 오르페우스가 리라를 켜며 노래를 불러 세이레네스가 부르는 노래의 위력을 제압하였다고 한다.

세이레네스는 오디세우스가 자신들의 노래에 유혹되지 않고 무사히 곁을 지나가자 치욕스러운 마음에 분을 이기지 못하고 바다로 뛰어

**세이레네스**
존 윌리엄 워터하우스(John William Waterhouse),
1900년경

들어 자살하였다. 이때 레우코시아는 바다에 떨어져 바위로 변했는데 그 뒤로 사람들은 그 바위섬을 그녀의 이름을 따서 레우코시아(오늘날의 리코사)라고 불렀다. 레우코시아 섬은 이탈리아 남서부 티레니아 해의 파이스툼 만 맞은편에 있다.

# 레우코테아 Leucothea

요약

레우코테아(혹은 레우코토에)는 태양신 헬리오스의 사랑을 받았다. 그러나 헬리오스를 사랑한 클리티에의 질투로 아버지에 의해 생매장을 당한다.

기본정보

| 구분 | 공주 |
|------|------|
| 외국어 표기 | 그리스어: Λευκοθέα |
| 별칭 | 레우코토에(Leucothoe) |
| 관련 신화 | 헬리오스, 클리티에 |

인물관계

레우코테아는 페르시아의 왕 오르카모스와 에우리노메의 딸이다.

신화이야기

레우코테아를 사랑한 헬리오스

레우코테아의 어머니 에우리노메는 향료의 나라 페르시아에서 가장 아름다운 여인이었으나 딸 레우코테아는 어머니의 미모를 능가할 정도로 절세의 미인이었다.

온 세상을 비추는 태양신 헬리오스는 많은 여성을 사랑하지만 지금 이 순간 한 여인 레우코테아에게 마음을 완전히 빼앗긴다. 사랑의 포로가 된 헬리오스는 자연의 섭리까지 흔들어 놓는다. 레우코테아를 훔쳐보느라 겨울이 와야 할 때가 되었는데도 여전히 태양이 뜨겁게 타오른다. 태양신이 이렇게 사랑의 열병을 앓게 된 것은 아프로디테의 은밀한 사랑을 밀고 했기 때문이다.(아프로디테 '아프로디테의 남자들' 참조)

아프로디테는 누구와 은밀한 사랑을 나눈 것일까. 아프로디테의 사랑의 대상은 바로 전쟁의 신 아레스이다. 이들의 동침 장면을 제일 먼저

**레우코테아**
장 쥴스 알라스어(Jean Jules Allasseur),
1862년, 루브르 박물관
©Marie-Lan Nguyen@Wikimedia(CC
BY-SA)

본 헬리오스는 아프로디테의 남편 헤파이스토스에게 이 사실을 알려 준다. 헤파이스토스는 거미줄처럼 가늘지만 절대 끊어지지 않는 청동 그물을 만들어서 아내 아프로디테 모르게 침대 주변에 촘촘하게 쳐 놓는다. 이 사실을 모르는 아레스와 아프로디테가 서로 포옹을 하던 중 청동 그물에 꼼짝없이 걸려들게 된다. 헤파이스토스는 신들을 불러 이들의 외도를 알리고, 신들 앞에서 크게 망신을 당한 아프로디테는 태양신 헬리오스에게 복수를 벼른다. 아프로디테는 헬리오스가 그와 똑같은 일을 당하기를 바라고 아프로디테의 뜻대로 헬리오스는 한

여인을 깊이 사랑하게 된다. 그녀가 바로 레우코테아이다. 그들의 사랑은 헬리오스가 그런 것처럼 밀고자로 인해 비극적으로 끝을 맺는다.

오비디우스는 『변신이야기』에 그들의 비극적인 사랑과 밀고자의 슬픈 종말을 기록하고 있다.

헬리오스는 해질 무렵 레우코테아의 어머니 에우리노메의 모습으로 변신한다. 그리고 레우코테아가 열두 명의 하녀들과 양털실을 잣고 있는 방으로 슬며시 들어가 어머니인 것처럼 레우코테아에게 사랑스럽게 입을 맞춘다. 그는 레우코테아의 하녀들에게 딸에게 볼일이 있으니 나가보라고 말한다. 하녀들이 물러가고 방 안에 아무도 없자 태양신은 자신의 모습을 드러내고 자신의 마음을 고백한다. 레우코테아는 어머니가 갑자기 사라지고 태양신이 나타나자 잔뜩 겁을 먹지만 결국 헬리오스를 거부하지 못하고 그를 받아들인다.

## 클리티에의 복수

한편 오케아노스와 테티스의 딸인 물의 님페 클리티에가 태양신 헬리오스를 깊이 사랑한다. 그러나 태양신은 그녀를 쳐다보지도 않는다. 마음의 상처를 깊이 입은 클리티에는 질투심에 사로잡혀 이성을 잃고 헬리오스와 레우코테아가 어떤 관계인지 소문을 퍼뜨린다. 결국 소문은 레우코테아의 엄격한 아버지의 귀에 들어가게 된다. 이 아버지는 제아무리 태양신이라 해도 딸의 부정한 행위를 용서하지 않았다.

다급해진 딸은 태양신이 억지로 자신을 폭행했다고 아버지에게 항변하지만 아버지의 분노를 잠재우지 못한다. 아버지는 딸의 간절한 애원에도 불구하고 딸을 산 채로 모래에 묻어버린다. 헬리오스가 이 사실을 알고 급박하게 연인에게 구원을 손길을 내밀었으나 안타깝게도 레우코테아는 돌아올 수 없는 강을 건넌 뒤였다. 헬리오스는 자신의 아들 파에톤이 불에 타 죽은 이후 이보다도 더 슬픈 일은 겪지 못했다고 토로한다.

**레우코테아와 헬리오스**
앙 투안 보이조(Antoine Boizot), 1737년, 프랑스 미술박물관

헬리오스가 핏기를 잃고 싸늘해진 그녀의 시신에 생명의 온기를 불어넣으려고 노력했으나 모든 것이 허사였다. 그는 눈물을 흘리며 그녀의 시신과 무덤에 향기로운 넥타르를 뿌리며 그녀가 연기가 되어 하늘에 오를 것이라고 말한다. 그러자 넥타르에 젖은 연인의 시신이 녹으면서 주변의 대지는 향기로운 물방울로 촉촉해진다.

클리티에는 레우코테아가 사라지면 태양신의 사랑을 다시 받을 수 있을 것이라고 생각하고 이런 일을 꾸몄지만 상황은 그녀의 생각과 완전히 달랐다. 헬리오스는 레우코테아가 없어도 클리티에에게 눈길 한 번 주지 않았다. 그들의 사랑은 완전히 끝이 난 것이다. 실연의 아픔으로 클리티에는 시름시름 앓았다. 초췌한 몰골로 그녀는 다른 님페들과 어울리지 못한 채 고개를 숙이고 밤낮없이 주저앉아 있었다. 그렇게 아흐레 밤낮이 지나는 동안 그녀는 물 한 모금도 마시지 않고 한 조각의 빵도 먹지 않았다. 다만 이슬과 눈물만이 그녀의 메마른 입술을 적실뿐이었다. 그녀는 마치 망부석이 된 것처럼 땅에 붙어 버렸다. 그녀의 얼굴만 하늘의 태양신을 따라 움직일 뿐이었다. 그녀는 창백한 식물로 변했고 그녀의 얼굴은 바이올렛과 비슷한 꽃이 되었다. 식물로 변한 클리티에는 뿌리가 땅을 향해 뻗었음에도 얼굴은 여전히 태양신을 향하고 있었다. 그녀의 모습은 변했으나 태양신을 향한 그녀의 사랑은 여전히 굳건했다.

## 클리티에는 해바라기 꽃이 되었을까?

태양신만 바라보고 있던 클리티에는 그리스어 '태양을 향하여 돌아서는 꽃'이란 뜻의 헬리오트르프 꽃으로 변했다고 한다. 이런 단어 뜻에 근거하여 사람들은 그녀가 해바라기 꽃이 되었다고 한다. 그러나 오비디우스의 『변신이야기』를 살펴보면 우리가 알고 있는 해바라기 꽃과 일치하지는 않는 것 같다. 『변신이야기』에서 클리티에는 창백한 식물로 변했고 그녀의 얼굴은 바이올렛 색깔이 된다. 그리고 그녀가 변한 꽃에서는 향기가 난다. 이런 정황에 미루어볼 때 그녀는 해바라기 꽃과는 거리가 있어 보인다.

## 또 다른 레우코테아

히기누스, 아폴로도로스 등은 레우코테아를 카드모스와 하르모니아의 딸로 이노의 다른 이름이라고 한다. 이노는 세멜레, 아가우에와 자매로 제우스의 부탁으로 제우스의 아들 디오니소스를 맡아 기른다. 그로 인해 그녀는 헤라의 노여움을 산다. 이노를 못마땅하게 생각한 헤라는 그녀를 미치게 한다. 제정신이 아닌 상태에서 이노는 아들 멜리케르테스를 끓는 물에 던져 넣었고 나중에 그녀는 아들을 건져내어 바다로 뛰어든다. 그 후 선원들은 바다에 빠진 그녀를 레우코테아(하얀 여신)라 부른다.

# 레테 Lethe

요약

그리스 신화에 등장하는 망각의 여신이다.

하계에는 그녀의 이름을 딴 망각의 강이 흐른다. 이 강물을 마시면 이전의 기억을 모두 잃게 되는데, 죽어서 저승에 가는 망자들은 모두 이 강물을 마셔야 한다.

기본정보

| 구분 | 개념이 의인화된 신 |
|------|------------------|
| 상징 | 망각, 진실의 은폐 |
| 외국어 표기 | 그리스어: $\Lambda\eta\theta\eta$ |
| 어원 | 망각 |
| 가족관계 | 에리스의 딸, 닉스의 손녀 |

인물관계

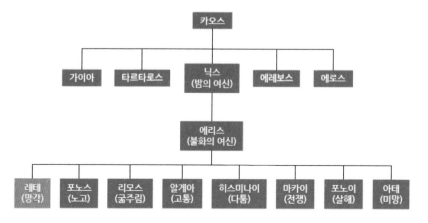

레테는 불화의 여신 에리스의 딸이며, 에리스는 카오스에서 곧바로 생겨난 태초의 다섯 신 가운데 하나인 밤의 여신 닉스의 딸이다.

## 신화이야기

### 망각의 여신

『신들의 계보』에 따르면 레테는 불화의 여신 에리스의 딸로 망각을 의인화한 여신이다. 포노스(노고), 리모스(굶주림), 알게아(고통), 히스미나이(다툼), 마카이(전쟁), 포노이(살해) 등이 그녀의 형제들이다.

### 망각의 강

하계에는 그녀의 이름을 딴 망각의 강 레테가 흐르는데, 잠의 신 힙노스의 동굴을 돌아 저승으로 흐르는 이 강의 강물을 마시면 이전의 기억을 모두 잃는다고 한다. 죽어서 저승으로 가는 망자들은 누구나 이 강물을 마셔야 한다.

레테
빌헬름 반트슈나이더(Wilhelm Wandschneider)
1908년

망자가 저승으로 가려면 모두 다섯 개의 강을 건너야 하는데 슬픔의 강 아케론, 탄식의 강 코키투스, 불의 강 플레게톤, 증오의 강 스틱스, 그리고 망각의 강 레테이다.

### 망각의 샘

또 보이오티아의 레바데아에 있는 트로포니오스의 신전 앞에는 레테(망각)와 므네모시네(기억)라는 두 개의 샘물이 흐르는데 이 신전에 신탁을 구하러 온 사람은 두 샘물을 차례로 마셔 이전의 기억을 지우고 신탁을 명심했다고 한다.

### 진실의 은폐

레테에는 기억을 없애줄 뿐만 아니라 그렇게 함으로써 진실을 감추고 은폐한다는 의미도 담겨 있다. 진리, 진실을 뜻하는 그리스어 아레테이아(aletheia)는 레테와 같은 어원에 뿌리를 두고 있다.

**레테의 강**
펠릭스 베네딕트 헤르 조그(Felix Benedict Herzog), 1907년, 로스앤젤레스 카운티 미술관

## 관련 작품

### 문학

레테와 관련된 신화는 후대의 철학과 예술에 많은 영감을 불어넣었다.
플라톤은 『국가』에서 영혼의 세계에 있던 인간이 다시 새로운 육신을 얻어 환생할 때 이 강물을 마셔야 한다고 말했다. 그래야 저승의 일들에 대한 기억이 모두 사라진 채 이승에 다시 태어날 수 있다는 것이다. 이때 마신 강물의 양에 따라 기억은 완전히 소실되기도 하고 어렴풋이 남아 있기도 한다.

베르길리우스의 『아이네이스』에도 레테 강물을 마시고 지난 모든 일을 잊은 채 새 육신을 얻어서 태어나는 영혼들에 관한 이야기가 나온다.

단테의 『신곡』에도 레테 강에 대한 언급이 있다. 『신곡』의 주인공 단테는 꿈에 그리던 베아트리체를 만나 천국으로 들어가기에 앞서 레테 강물을 마시고 죄와 지옥의 기억을 모두 지운다.

괴테의 『파우스트』 2편에서는 정령 아리엘이 파우스트로 하여금 레테의 강물에서 목욕하도록 하여 1편에서 저지른 죄와 악마와의 결탁 사실을 모두 잊게 만든다.

보들레르는 〈레테〉라는 제목의 시에서 망각을 사랑스럽고도 잔인한 여인에 비유한다.

베르톨트 브레히트의 희곡 『바알』에서 주인공 바알은 술을 마시며 혼잣말을 할 때 술병을 '레테'라고 부르며 대화하듯 말한다.

음악

자크 오펜바흐, 오페레타 〈지옥의 오르페우스〉

# 레토 Leto

## 요약

티탄 신족에 속하는 코이오스와 포이베의 딸이다.

사촌지간인 제우스의 사랑을 받아들여 쌍둥이 남매 아르테미스와 아폴론을 낳는다.

## 기본정보

| 구분 | 티탄 신족 |
|------|-----------|
| 상징 | 겸손함 |
| 외국어 표기 | 그리스어: Λητώ |
| 어원 | 그리스어 letho(보이지 않게 움직이는 것)에서 유래하여 레토 여신이 겸손함을 상징하게 되었다고 한다. 다른 설명에 따르면 고대 소아시아 지방의 리키아어(Lycian) lada(여인)에서 유래한다. |
| 로마 신화 | 라토나(Latona) |
| 관련 신화 | 아폴론, 아르테미스 |
| 가족관계 | 제우스의 연인, 아폴론의 어머니, 아르테미스의 어머니 |

## 인물관계

티탄 12신에 속하며 남매 관계인 코이오스와 포이베 사이에서 태어난다. 제우스와 사이에서 쌍둥이 남매 아르테미스와 아폴론을 낳는다. 여자 형제로는 페르세스와 결혼하여 헤카테를 낳은 아스테리아가 있다. 크로노스와 레아 사이에서 태어난 헤스티아, 데메테르, 헤라, 하데스, 포세이돈, 제우스와는 사촌지간이다.

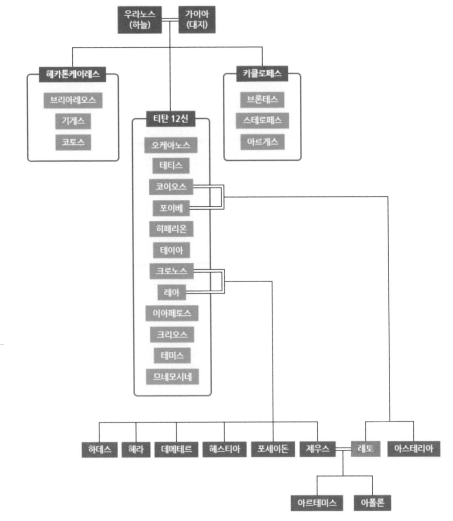

신화이야기

개요

『신들의 계보』와 『비블리오테케』에 따르면 레토는 티탄 12신에 속하며 남매 관계인 코이오스와 포이베 사이에 태어난 여신이다. 그녀의 자매 아스테리아는 크레이오스와 에우리비아 사이에서 태어난 페르세스와 결혼하여 여신 헤카테를 낳는다.

티탄 신족의 계보에 따르면 레토는 크로노스와 레아 사이에서 태어난 헤스티아, 데메테르, 헤라, 하데스, 포세이돈, 제우스와 사촌지간이다.

레토의 성품은 친절하고 온화하다. 그녀는 사촌지간인 제우스의 사랑을 받아들여 쌍둥이 남매 아르테미스와 아폴론을 낳는다.

## 레토의 직계가족

레토는 티타니데스 중의 한 명인 포이베가 남매 관계인 티탄 코이오스의 구애를 받아들여 낳은 두 명의 티탄 여신 중 한 명이다.

레토의 자매는 지혜가 뛰어난 페르세스와의 사이에서 딸 헤카테를 낳은 아스테리아이다.

> "포이베는 그녀를 갈망하는 코이오스의 잠자리에 올라 그의 포옹을 받아들인다. 그녀는 그의 사랑으로 수태를 하여 어두운 색의 옷을 입는 레토를 낳는다. 레토는 인간과 불멸의 신들에게 항상 친절하고 온화하다. 그녀는 올림포스에서 마음이 가장 따뜻하고 부드럽다. 포이베는 딸을 한 명 더 낳는데 그 딸의 이름은 행복을 가져오는 아스테리아이다. 페르세스가 훗날 그녀를 자신 소유의 큰 집으로 데려가 사랑하는 아내라고 부른다. 아스테리아는 곧바로 수태하여 딸 헤카테를 낳는다."
>
> (『신들의 계보』)

**어머니 레토와 누이 아르테미스와 함께 있는 아폴론**
적화식 아테네 암포라, 기원전 5세기경, 영국 박물관
: 고대 그리스의 현악기 리라를 연주하는 긴 머리의 젊은이(가운데)가 아폴론이며, 아폴론의 왼쪽에 있는 이는 레토이다. 아폴론을 마주보면서 등에 화살통을 매고 있는 이는 아르테미스이다

"레토는 아이기스 방패를 들고 다니는 제우스와 사랑으로 한 몸이 된다. 그녀는 활쏘기를 좋아하는 아폴론과 아르테미스를 낳는다. 이 자식들은 하늘의 신 우라노스의 모든 자손들 중에서 가장 사랑스럽다."(『신들의 계보』)

### 헤라의 질투심 때문에 고난을 겪는 레토

레토는 자매 아스테리아와 달리 사촌지간인 제우스의 사랑을 받아들인다. 그녀는 제우스와 사랑의 결실로 쌍둥이 남매 아르테미스와 아폴론을 임신한다. 그 이후에 제우스는 누나 헤라를 아내로 맞이한다. 질투심이 많은 헤라는 자신의 자식들보다 레토의 자식들이 더 위대하게 성장할 것을 알고 레토의 해산을 지속적으로 방해한다. 그래서 임신한 레토는 헤라의 방해로 해산할 장소를 찾지 못하고 이곳저곳을 떠돌아다닌다. 제우스의 명령을 받은 북풍의 신 보레아스가 여기저기 정처 없이 떠돌아다니는 레토를 포세이돈에게 데려간다. 포세이돈은 레토의 해산을 돕기 위해 그녀를 다시 바다에서 둥둥 떠 있는 델로스 섬으로 데려가서 파도를 일으킨다. 거대한 파도 덕분으로 섬 전체는 물의 장막으로 싸여 한 줄기의 햇빛도 들지 않게 된다. 헤라가 레토로 하여금 태양이 비치는 세상의 땅에서 아이를 낳게 해서는 안 된다고 명령을 내렸기 때문이다.

레토는 우여곡절 끝에 델로스 섬에서 아르테미스와 아폴론을 차례로 낳는다.

델로스 섬의 생성은 레토의 자매 아스테리아와 관련이 있다. 아폴로도로스의 『비블리오테케』에 따르면 아스테리아는 제우스의 끈질긴 구애를 거부하고 메추라기로 변신하여 도망을 다니다가 결국 스스로 바다 속으로 뛰어든다. 그녀가 바다로 뛰어든 지점에 생겨난 섬이 바로 델로스 섬이다.

한편 히기누스의 『이야기』에 따르면 제우스가 자신의 사랑을 거부하는 아스테리아를 메추라기로 변신시켜 바다에 내던진다. 그녀가 떨어진 곳에서 솟아오른 섬이 바로 델로스 섬이다.

"코이오스의 딸들 중 아스테리아는 제우스와의 성적 결합을 피하기 위해 메추라기 모습을 하고 스스로 바다로 뛰어든다. 그곳에서 생겨난 섬은 처음에는 그녀의 이름을 따서 아스테리아로 불렸으나 나중에는 델로스라고 불린다. 한편 코이오스의 다른 딸 레토는 제우스와 관계를 맺는다. 그녀는 헤라에게 쫓겨 온 땅을 돌아다닌다. 그러다가 그녀는 마침내 델로스에 이르게 된다. 그곳에서 먼저 아르테미스를 낳고 이어서 아폴론을 낳는다. 이때 아르테미스가 엄마의 해산을 돕는다."(『비블리오테케』)

"제우스는 티탄 코이오스의 딸 아스테리아를 사랑하지만 그녀가 제우스의 사랑을 퇴짜 놓는다. 그래서 제우스는 그녀를 우리가 메추라기라고 부르는 오르틱스(ortyks)로 바꿔 바다로 던진다. 그녀가 떨어진 곳에서 섬이 하나 솟아난다. 그 섬의 이름은 오르티기아이다. 섬은 둥둥 떠 있다. 훗날 레토는 제우스의 명령을 받은 북풍의 신 보레아스의 도움으로 그 섬에 가게 된다. 그 당시 괴물 피톤이 레토를 쫓고 있었다. 여신 레토는 그 섬의 올리브나무 한 그루에 몸을 기대고 아폴론과 아르테미스를 낳는다. 그 섬은 나중에 델로스로 불린다."(『이야기』)

고대 로마 시대의 시인 푸블리우스 오비디우스 나소가 기원후 8년에 발표한 『변신이야기』는 자만심이 하늘을 찌를 정도인 니오베가 레토 여신의 출산과 관련하여 비꼬는 투로 말하는 장면을 담고 있다. 탄탈로스의 딸이자 암피온의 아내인 니오베는 레토가 자식을 낳기 위해 이리저리 떠돌아다닌 것을 두고 다음과 같이 말한다.

"보살펴주는 이 없는 티탄 신족 코이오스의 딸을 나보다 더 섬기는가! 이 넓은 대지는 그녀가 출산을 하려고 했을 때 한 뼘의 땅도 허락하지 않았다오. 하늘도 땅도 바다도 그녀를 받아주지 않고 떠돌아다니게 했다오. 그녀는 한 줄기 희망의 빛도 갖지 못한 채 반겨주는 이 없는 해안가를 서성거렸다오. 그녀는 온 세상이 자신을 버렸음을 깨달았다오. 그러다 마침내 델로스 섬이 그 유랑자를 불쌍히 여겨 '그대는 정처 없이 대지를 떠돌고 있고 나는 정처

**레토의 분수**
가스파르 마르시(Gaspard Marsy)와 발타자르 마르시(Balthazar Marsy)의 조각
베르사이유 궁전
: 레토의 분수 상단 부분이다.
레토(가운데)와 쌍둥이 자매 아르테미스(왼쪽)와 아폴론(오른쪽)이 조각되어 있다

없이 바다를 떠돌고 있소!'라고 말했다오. 델로스 섬은 그녀에게 피난처를 제공했으나 그 섬은 항상 정처 없이 떠돌고 있었다오. 그곳에서 그녀는 두 아이를 낳았다오."

## 레토의 분노로 개구리가 된 리키아 지방의 농부들

레토는 쌍둥이 남매 아르테미스와 아폴론을 출산한 후 헤라로부터 벗어나기 위해 그들을 데리고 피난길에 오른다. 그녀는 피난 도중에 오늘날 소아시아 남서쪽 끝에 위치한 리키아 지방에 들어선다. 무더위와 피곤으로 지친 레토는 리키아의 한 호숫가에서 갈증을 해소하려고 하나 리키아의 농부들이 이를 막는다. 그러자 겸손한 레토 여신은 간곡하게 농부들에게 물을 마실 수 있게 해달라고 간청한다. 그러나 그들은 안하무인격으로 레토의 간청을 묵살할 뿐만 아니라 레토가 물

을 마시지 못하게 흙탕물까지 만든다. 이에 분노한 레토는 고약한 심보를 가진 리키아의 농부들을 개구리로 변신시킨다. 이와 관련된 이야기는 특히 『변신이야기』에 자세히 기록되어 있다. 이 전승문헌에 따르면 리키아 지방을 방문했던 한 사람이 그곳에서 직접 들은 이야기를 전한다.

"아주 오랜 옛날 기름진 리키아 평야에 사는 농부들이 레토 여신을 깔보다가 큰 벌을 받은 적이 있었어요. 이 이야기는 신분이 높지 않은 사람들에 관한 것이라 세상에 널리 알려지지는 않았어요. 그러나 놀라운 이야기지요. 저는 기적이 일어난 장소인 호수를 제 눈으로 직접 보았어요. […] 저를 안내하는 길라잡이가 이렇게 말했어요. '젊은이여, 이 제단의 주인은 산신(山神)이 아니라오. 이 제단은 한때 하늘의 여왕 헤라께서 온 땅에게 받아들이지 말라고 내리신 명령 때문에 온 세상이 거부했던 여신을 위한 것이라오. 그래서 여신은 온 세상을 헤매고 다닐 수밖에 없었다오. 그러나 당시 바위 위에 둥둥 떠 있던 섬 델로스가 여신의 딱한 사정을 알고 여신을 받아주었다오. 여신 레토는 델로스 섬의 종려나무에 몸을 기댄 채 쌍둥이 남매를 낳았다오. 여신의 출산은 헤라의 뜻을 거스르는 것이었다오. 갓 해산한 여신은 델로스 섬으로부터 제우스의 아내인 헤라를 피해 다시 피난길을 떠났다오. 여신은 가슴에 갓 태어난 쌍둥이 어린 아이들을 안고 도망을 쳤다오. 시기는 이글거리는 햇볕이 들판을 뜨겁게 달구는 때였다오. 여신은 마침내 키마이라의 고향인 리키아 지방에 이르렀다오. 여신은 오랜 노고로 지칠대로 지쳤으며 불볕 더위에 먼 길을 오느라 갈증으로 목이 타들어 갔다오. 두 아이는 여신의 젖을 모두 빨아먹었으며 더 달라고 울었다오. 여신은 그때 마침 계곡 아래쪽에 있는 그리 크지 않은 호수를 우연히 발견했다오. 호숫가에는 농부 몇 명이 늪이 좋아하는 갈

**레토와 리키아 지방의 농부들**
얀 브뤼헐(Jan Bruegel), 1605년경, 암스테르담 국립미술관
: 그림의 왼쪽에 레토와 쌍둥이 남매 아르테미스와 아폴론이 있다. 레토가 물을 마시려고 하자 농부들이 연못에 들어가 흙탕물을 만들며 훼방을 놓는다. 그들은 레토의 분노로 개구리가 된다

대, 고리버들 사초를 모으고 있었다오. 티탄의 딸인 여신은 호숫가에 다가가 무릎을 꿇고 시원한 물을 마시려고 했다오. 그런데 농부들은 여신이 물을 마시지 못하게 했다오. 그래서 여신은 그들에게 이렇게 말했다오. '왜 물을 못 마시게 하는 건가요? 누구나 물을 마실 수 있는 권리를 가지고 있어요. 자연은 햇빛도, 우리가 들이마시는 공기도, 맑은 물도 사유 재산으로 만들지 않았어요. 나는 모든 이들이 가질 수 있는 권리를 원하고 있어요. 그런데도 나는 간청하고 있어요. 그것도 아주 겸손하게 간청하고 있어요. 제발 내가 물을 마실 수 있게 해주세요. 여기에서 나는 몸을 씻으려고 하는 것이 아니에요. 피곤으로 지친 팔과 다리를 물에 담그려고 하는 것도 아니에요. 나는 단지 갈증을 풀려고 하는 것뿐이에요. 지금 이런 말을 하는 동안에도 입이 바짝 마르고, 목구멍이 타들어가고 있어요. 말도 제대로 할 수 없을 지경이에요. 지금 나에게 물 한 모

금은 신들이 마시는 음료 넥타르나 다름이 없을 것이에요. 내가 물을 마시도록 해준다면 내 목숨을 살려주는 것이나 똑같아요. 여러분은 나에게 물로 생명을 주는 것이에요. 내 말을 믿어주세요! 내 품안에 있는 이 어린 아기들을 불쌍히 여기세요! 여러분을 향해 작은 손을 내밀고 있는 이 아기들을 불쌍히 여기세요!'

그때 아닌게 아니라 아기들이 농부들을 향해 손을 내밀고 있었다오. 게다가 그와 같은 여신의 간곡한 간청에 누가 감동받지 않을 수 있겠소? 그러나 농부들은 여신의 간청에도 아랑곳하지 않고 여신이 물을 마시는 것을 한사코 방해했다오. 그들은 여신이 자리를 뜨지 않으면 봉변을 당할 것이라는 위협을 서슴지 않았으며 모욕의 말까지도 퍼부었다오. 그들은 그것으로도 성이 차지 않았는지 손과 발로 호수를 휘저어 탁하게 만들었다오. 그들은 심술을 부리느라고 이리저리 껑충껑충 뛰어다니며 호수 바닥의 부드러운 진흙을 휘저어 올렸다오. 코이오스의 딸인 여신은 어찌나 화가 났던지 갈증도 잊었다오. 이제 여신은 그럴 가치도 없는 자들에게 간청할 마음이 전혀 없었다오. 여신은 여신답지 않게 겸손한 말로 간청하는 것도 그만두기로 했다오. 여신은 하늘을 향해 두 팔을 벌리고 이렇게 외쳤다오. '너희들은 영원히 그 호수에서 살아라!' 그러자 여신의 기도는 이루어졌다오. 농부들은 물 속에서 사는 것을 좋아했다오. 그들은 이따금 호숫물에 몸을 완전히 담그기도 했으며 이따금 물 위로 고개를 내밀기도 했다오. 그들은 자주 수면 위를 헤엄쳤다오. 그들은 자주 질펀질퍽한 호숫가에 쭈그리고 앉아 쉬었다오. 그러다 그들은 다시 찬 호숫물 속으로 뛰어들었다오. 그러나 그들은 지금도 여전히 상스러운 혀를 놀려대며 말다툼을 했다오. 심지어 물밑에서도 부끄러운 줄 모르고 악담을 쏟아내려고 했다오. 그런데 오래지 않아 그들의 목소리는 쉬었고 목은 짤막하게 줄어들고 부풀어 올랐다오. 끊임없이 남을 모욕하는 입은 옆으로 쭉 찢어

겼다오. 혐오스러운 머리는 불뚝 뛰어나오고 목은 사라져 없어진 듯했다오. 등은 초록색으로 변했으며 몸의 가장 큰 부분인 배는 흰색으로 변했다오. 그리하여 새로운 모습을 한 개구리가 생겨났다오. 그들은 질퍽질퍽한 호숫가 갯벌을 팔짝팔짝 뛰어다녔다오."

### 레토에게 행한 죄의 대가로 죽은 뒤에도 가혹한 형벌을 받는 티티오스

레토가 델포이로 가는 도중에 일어난 사건이다.

대지의 여신 가이아의 아들 또는 오르코메노스의 딸인 엘라라의 아들로 알려진 거인 티티오스가 제우스의 연인 레토를 겁탈하려고 한다. 『비블리오테케』에 따르면 제우스와 엘라라 사이에서 태어난 티티오스는 레토에게 반해 그녀를 안으려고 한다. 그러자 레토가 놀라 쌍둥이 남매 자식들 아르테미스와 아폴론에게 도움을 청한다. 그들은 어머니를 보호하고자 화살을 쏘아 티티오스를 죽인다. 그러나 티티오스가 지은 죄가 하도 무거워 죽은 뒤에도 가혹한 형벌을 피할 수 없게 된다. 그는 끊임없이 자라는 간을 독수리에게 쪼아 먹히는 벌을 받는다.

"아폴론은 제우스와 오르코메노스의

**티티오스**
베첼리오 티치아노(Vecellio Tiziano), 1548~1549년
프라도 미술관
: 제우스의 연인 레토를 겁탈하려고 한 티티오스는 그 벌로 독수리에게 간을 뜯어 먹히는 끔찍한 형벌을 반복해서 받게 된다. 팔과 다리가 묶여 있어 독수리를 쫓아내지도 못한다

딸 엘라라 사이에서 태어난 아들 티티오스를 죽인다. 제우스는 엘라라와 사랑을 나눈 뒤 그녀를 땅 속에 숨겨둔다. 그는 헤라가 두려워 그렇게 한다. 엘라라는 제우스와 나눈 사랑의 결실로 엄청난 몸집의 아들 티티오스를 낳는다. 제우스는 그를 햇빛이 비치는 곳으로 끌어 올린다. 티티오스는 피토를 향해 가고 있는 레토를 보고 그녀를 취하고 싶은 욕망에 사로잡힌다. 그가 그녀를 껴안으려 하자 레토가 그녀의 자식들에게 소리쳐 도움을 청한다. 그들은 티티오스에게 화살을 쏴 그를 죽인다. 그는 죽은 뒤에도 형벌을 받는다. 하데스가 지배하는 저승세계에서 독수리들이 그의 심장을 뜯어 먹는다."

『오디세이아』에 따르면 티티오스는 대지의 여신 가이아의 아들로 제우스의 연인 레토를 함부로 대한 벌로 저승에서 끔찍한 형벌을 받는다. 오디세우스가 저승의 세계를 방문했을 때 그곳에서 형벌을 받고 있는 티티오스의 모습을 보고 온 후 이렇게 말한다.

"나는 엄청난 대지의 여신 가이아의 아들 티티오스를 보았다오. 그는 땅바닥 위에 누워있었다오. 그의 몸은 9루드 이상의 바닥을 차지하고 있었다오. 두 마리 독수리가 그의 양 옆에 앉아 간을 쪼아먹고 있었다오. 독수리의 부리는 그의 창자까지 파고 들어갔다오. 그러나 그는 손으로 독수리들을 쫓아낼 수가 없었다오. 이는 그가 이전에 제우스의 정부를 괴롭혔기 때문이라오. 그 유명한 레토 여신을 말이오. 그 당시 그녀는 아름다운 장소 파노페우스에서 피토를 향해 가고 있는 중이었다오."

기원전 3세기경에 활동한 로디오스 아폴로니오스의 『아르고나우티카』에 따르면 티티오스는 제우스와 엘라라 사이에서 태어난 아들이지

**아폴론, 티티오스, 레토와 아르테미스**
적화식 아테네 암포라. 기원전 5~6세기경
루브르 박물관
: 티티오스(가운데 앞쪽)가 레토(가운데 뒤쪽)를
겁탈하려다 여신의 쌍둥이 남매 아폴론(왼쪽)과
아르테미스(오른쪽)에 의해 죽는 장면이다

만 가이아가 땅 속에서 보호하고 있다가 다시 낳아 세상으로 내보낸 거인이다. 그는 레토의 베일을 감히 벗기려다 아폴론의 화살 표적이 된다. 황금양털의 영웅 아이손은 아테니 여신이 수놓은 망토를 몸에 걸친다. 이 망토에 티티오스의 모습이 형상화되어 있다.

"포이보스 아폴론이 수놓여 있다. 그는 아직 앳된 소년의 모습이다. 그는 거인 티티오스를 향해 활을 당기고 있다. 그것은 티티오스가 대담하게도 자신의 어머니 레토가 걸치고 있는 베일을 잡아당기려고 했기 때문이다. 티티오스는 영광스런 엘라라가 낳았으나 가이아가 보호하고 있다가 다시 낳아 기른 아들이다."

히기누스의 『이야기』는 레토와 티티오스에 관한 다른 이야기를 들려준다. 헤라는 제우스와 사랑을 나눈 레토를 시기한다. 그래서 헤라는 레토를 겁탈하라고 티티오스에게 명령을 내린다. 헤라의 명령을 받은 거인 티티오스는 레토를 겁탈하려고 하나 이를 알아챈 제우스가 티티오스를 벼락으로 내리쳐 죽인다. 티티오스는 죽음의 세계로 간다. 그곳에 있는 거대한 뱀이 달이 차오르면 다시 자라나는 티티오스의 간을 뜯어 먹는다.

"레토가 제우스와 함께 누웠기 때문에 헤라는 엄청난 크기의 티티오스에게 명령 하나를 내린다. 그 명령은 레토를 완력으로 굴복시키고 겁탈하라는 것이다. 티티오스는 헤라가 시킨대로 레토를 겁탈하려고 한다. 그때 제우스의 번개가 그를 내리쳐 죽인다. 그 후 티티오스는 죽음의 세계로 떨어져 땅바닥에 묶인다. 그의 몸은 9에이커 이상의 땅을 덮는다고 한다. 뱀 한 마리가 그의 옆에 앉아 간을 뜯어먹는다. 그런데 간은 달이 차면 다시 자라난다."

**아들 아폴론을 구하기 위해 제우스에게 간청하는 레토**

아폴론의 아들 아스클레피오스가 죽은 사람을 살리는 의술을 베풀자 우주의 통치자 제우스는 '불멸의 신과 필멸의 인간'이라는 우주의 질서가 무너질까 걱정한다. 그래서 제우스는 우주의 질서를 바로 잡고자 키클로페스가 만든 벼락으로 아스클레피오스를 죽인다. 아폴론은 자식의 죽음에 대한 복수를 벼르지만 아버지 제우스에게 복수의 칼날을 겨눌 수 없어 벼락을 만든 키클로페스를 죽인다. 그러자 제우스는 화가 나 아들 아폴론을 지하의 세계로 던지려고 한다. 이때 레토가 아들의 구명을 위해 제우스에게 간청한다. 이와 관련된 내용을 『비블리오테케』는 다음과 같이 적고 있다.

> "제우스는 인간들이 아폴론의 아들 아스클레피오스에게서 의술을 배워 서로를 도와줄까봐 두려워한 나머지 그를 벼락으로 내리친다. 이에 격분한 아폴론은 제우스에게 벼락을 만들어준 키클로페스를 죽인다. 그러자 제우스는 아폴론을 타르타로스에 던져버리려고 한다. 레토가 간절히 애원하자 제우스는 아폴론을 페라이로 보내 페레스의 아들 아드메토스에게 1년 동안 봉사하도록 명령한다. 아폴론은 아드메토스왕 밑에서 가축을 키우며 모든 암소들이 쌍둥이 송아지를 낳게 해준다."

### 레토를 비웃은 대가를 혹독하게 치른 니오베

레토와 쌍둥이 남매 자식들과의 관계는 매우 돈독하다. 자식들은 사랑하는 어머니 레토를 지키기 위해 모든 수단과 방법을 다 동원한다. 이와 관련된 예로 여신 레토를 비웃은 대가를 혹독하게 치른 니오베 이야기가 있다.

니오베는 제우스의 아들 탄탈로스의 딸이며 제우스의 아들 암피온의 아내이다. 도가 지나칠 정도로 자부심이 강했던 그녀는 제우스의 연인 레토 여신에게 치욕적인 말로 모욕을 한다. 니오베의 말에 레토는 분노를 이기지 못하고 아르테미스와 아폴론에게 자신이 당한 치욕을 말한다. 이에 레토의 자식들은 니오베의 자식들에게 복수의 활 시위를 당긴다. 니오베의 자식들은 차례로 레토의 자식들의 화살을 맞고 죽음을 맞이한다. 니오베는 자식을 잃은 슬픔을 이기지 못하여 제우스에게 기도하여 돌로 변한다.

『비블리오테케』는 니오베의 자식들 중 과연 누가 레토의 자식들의 활 시위를 벗어났는지에 대한 기술이 불명료하다. 아폴로도로스는 니오베와 암피온 사이에서 태어난 열네 명의 자식들 이름을 열거한다. 그는 그들 중 아들 한 명과 딸 한 명이 살아 남는다고 적고 있으나 그 이름이 앞서 열거된 이름과 일치하지 않는다.

> "암피온은 탄탈로스의 딸 니오베와 결혼한다. 그녀는 일곱 명의 아들 시피로스, 에우피니토스, 이스메노스, 다마식톤, 아게노르, 파이디모스, 탄탈로스를 낳는다. 그녀는 같은 수의 딸 에토다이아, 클레오독사, 아스티오케, 프티아, 펠로피아, 아스티크라티아, 오기기아를 낳는다. 그러나 헤시오도스는 니오베와 암피온 사이에 아들 열과 딸 열이, 헤로도토스는 아들 둘과 딸 셋이, 호메로스는 아들 여섯과 딸 여섯이 있다고 말한다. 이렇게 자식복이 많은 니오베는 자신이 여신 레토보다 더 복이 많다고 말한다. 니오베의 무례한 말에

**니오베의 자식들을 죽이는 아폴론과 아르테미스**
아브라함 블로에마에르트(Abraham Bloemaert), 1951년, 코펜하겐 국립미술관
: 오른쪽 상단의 구름 위에서 아르테미스와 아폴론이 화살을 쏘아 니오베의 자식을 죽인다

레토는 분개하고 그녀는 아르테미스와 아폴론을 부추겨 니오베에게 적대적인 행동을 하도록 자극한다. 아르테미스는 집 안에 있는 니오베의 딸들을 쏘아 죽이고 아폴론은 키타이론에서 사냥하고 있는 니오베의 아들들을 모두 죽인다. 사내아이들 중에서 암피온 만이 계집아이들 중에서 장녀 클로리스만이 살아남았다. 클로리스는 훗날 네레우스와 결혼한다. 그러나 텔레실라에 따르면 살아남은 니오베의 자식은 아미클라스와 멜리보이아이고, 암피온은 아폴론과 아르테미스의 화살을 맞고 죽는다. 한편 니오베 자신은 테바이를 떠나 시필로스로 간다. 그녀는 아버지 탄탈로스를 찾아간다. 그곳에서 그녀는 제우스에게 기도하여 돌로 변한다. 니오베가 변한 돌에서는 밤낮으로 눈물이 흘러내린다."

『일리아스』에 따르면 니오베의 자식들은 모두 열두 명이다. 그들 모두는 레토의 쌍둥이 남매 아르테미스와 아폴론의 화살을 맞고 죽는다.

다음 원전 이야기는 『일리아스』에 나오는 한 장면이다. 아킬레우스는 헥토르의 시신을 찾으러 온 프리아모스가 식사대접을 거절할까 봐 니오베의 예를 들면서 그에게 저녁식사를 권한다.

"지금은 저녁식사 할 생각이나 하십시오. 머릿결이 고운 니오베도 먹을 생각을 했었습니다. 딸 여섯과 아들 여섯을 합하여 열두 명이나 되는 자식들을 한꺼번에 잃었는데도 말입니다. 그 중 딸들은 모두 그녀의 궁전에서 목숨을 잃었습니다. 여섯 명의 아들들은 모두 혈기왕성한 한창 때의 자식들이었습니다. 그런 아들들을 니오베에게 분노한 아폴론이 은으로 만든 활에 화살을 쏘아 죽였습니다. 니오베의 딸들을 궁수 아르테미스 여신이 화살로 쏘아 죽였습니다. 그 까닭은 니오베가 볼이 예쁜 레토를 자신과 견주려고 했기 때문이었습니다. 니오베는 여신도 자식이 둘밖에 없는데 자신은 많은 자식들의 어머니라고 자랑했습니다. 그래서 레토의 자식은 불과 둘이었지만 그들이 니오베의 자식들을 모두 죽였답니다. 그들은 아흐레 동안 피투성이가 된 채 누워 있었습니다. 그러나 그들을 묻어 주는 이가 없었습니다. 왜냐하면 크로노스의 아들[제우스]께서 니오베의 백성들을 모두 돌로 바꾸었기 때문이었습니다. 그러나 열흘째 되던 날 하늘의 신들께서 니오베의 자식들을 묻어주었습니다. 그리고 니오베는 눈물을 하도 흘려 기진맥진의 상태에 이르자 먹을 생각을 했습니다. 아켈로오스 강변에서 빠르게 왔다갔다 하면서 춤을 추는 요정들의 잠자리가 있다고 하는 시필로스의 인적이 드문 산이 있습니다. 니오베는 지금 그 산 속의 암석들 사이 어딘가에 있는 돌로 변했습니다. 그런데도 그녀는 신들이 내리신 비통함을 되새기고 있습니다."

『변신이야기』는 『비블리오테케』와 마찬가지로 니오베가 아들 일곱 명과 딸 일곱 명을 낳았다고 기록한다. 그러나 『변신이야기』에 따르면 니오베의 자식들 모두는 레토의 자식들에 의해 죽는다. 다음 원전 이 야기는 『변신이야기』에 나오는 장면이다.

"이제 남은 자식은 막내딸뿐이다. 니오베는 막내딸을 자신의 몸과 옷으로 가리고 흐느끼며 울부짖는다. '오! 제발 이 아이만은 남겨 주십시오! 막내딸만이라도 남겨주십시오! 나의 사랑스러운 딸, 이 아이만은 남겨주십시오!' 그녀가 막내딸의 목숨을 구해달라고 간 절하게 부탁하는 사이에 그 딸마저 목숨을 잃는다. 그녀는 죽은 아들들과 딸들 그리고 남편의 시신 옆에 망연자실하여 몸을 구부 린 채 앉아있다. 그녀의 어깨 아래로 늘어진 머리털은 미풍에도 흔 들리지 않는다. 대리석의 한기가 그녀의 살로 퍼져나가 얼굴은 핏 기 없이 창백하다. 그녀의 눈은 움직임이 없고 쓰디쓴 혀는 딱딱한 턱 안에서 얼어붙는다. 그녀의 사랑스러운 혈관은 딱딱하게 굳는 다. 그녀의 목과 손도 딱딱해져 더 이상 구부러지거나 움직이지 않 고 사지와 몸이 모두 돌로 변한다. 그러나 그녀는 여전히 눈물을 흘리고 있다. 그때 강력한 바람이 불어와 그녀를 에워싼다. 그 바람 은 그녀를 그 장소에서 낚아채더니 멀리 떨어져 있는 고향으로 데 려간다. 고향의 산꼭대기에 그녀는 고정된다. 그녀는 그곳에서 눈 물을 흘린다. 그녀가 변한 대리석은 지금도 눈물을 떨구고 있다."

# 렐렉스 Lelex

## 요약

그리스 신화에 나오는 라코니아 최초의 왕이다.

렐렉스는 '땅에서 태어난 자'라는 뜻으로 펠로폰네소스 반도의 에게 해 연안에 거주하던 렐레게스족의 시조이다. 당시 라코니아는 그의 이름을 따서 렐레기아라고 불렸다.

## 기본정보

| 구분 | 라코니아의 왕 |
|------|------------|
| 상징 | 최초의 왕 |
| 외국어 표기 | 그리스어: Λέλεξ |
| 어원 | 땅에서 태어난 자 |
| 관련 신화 | 스파르타 건국 |
| 가족관계 | 포세이돈의 아들, 리비에의 아들, 헬리오스의 아들, 밀레스의 아버지 |

## 인물관계

렐렉스는 포세이돈과 리비에의 아들이거나 태양신 헬리오스의 아들 이라고 하며, 일설에는 땅에서 저절로 태어났다고도 한다. 그는 물의 님페 클레오카레이아(혹은 페리다이아)와 결혼하여 밀레스, 폴리카온, 보몰로코스, 테라프네, 클레손, 비아스 등의 자식을 낳았다고 한다.

밀레스의 아들 에우로타스는 도시국가 스파르타의 시조가 되는 딸 스파르타를 낳았고 폴리카온은 메세네 시를 건설하였으며 클레손의 아들 필라스는 메세니아 지방과 엘레이아 지방에 각각 필로스라고 불리는 도시를 건설하였다.

## 신화이야기

### 스파르타의 건국

렐렉스는 펠로폰네소스 남부 라코니아 지방을 지배한 최초의 왕으로 알려져 있다. 당시 라코니아는 그의 이름을 따서 렐레기아라고 불렀다. 렐렉스는 물의 님페 클레오카레이아(혹은 페리다이아)와 사이에서 밀레스, 폴리카온, 보몰로코스, 테라프네 등을 낳았다고 한다.

렐렉스는 라코니아 통치권을 맏아들 밀레스에게 물려주었고 밀레스는 다시 아들 에우로타스에게 물려주었다. 에우로타스는 자식이 딸 스파르타 하나뿐이었으므로 라코니아의 왕위는 스파르타와 결혼한 사위 라케다이몬에게로 돌아갔다. 제우스와 님페 타이게테 사이에서 태어난 아들로 알려진 라케다이몬은 라코니아 왕국에 새로운 수도를 건설하고 아내의 이름을 따서 스파르타라고 명명하였다.

호메로스 시대에는 라케다이몬과 스파르타가 구별 없이 왕국의 이름으로 불렸는데 나중에 고전시대로 가면 라케다이몬은 도시국가의 정식명칭으로 스파르타는 국가의 중심도시 이름으로 구별해서 사용되기도 하였다. 하지만 점차 스파르타가 도시국가의 일반적인 명칭으로 사용되었다.

스파르타는 훗날 페르시아 전쟁(기원전 5세기) 등을 거치며 아테네를 제치고 그리스의 맹주국으로 부상하였으나 레욱트라 전투에서 테바이에게 패하면서 쇠퇴하였다.('히포' 참조)

렐렉스의 또 다른 아들 폴리카온은 아르고스 왕 트리오파스의 딸 메세네와 결혼한 뒤 펠로폰네소스 남서부로 이주하여 새 왕국을 건설하고 아내의 이름을 따서 메세니아라고 명명하였다.

### 메가라의 왕 렐렉스

파우사니아스의 『그리스 안내』에는 렐렉스가 메가라의 왕으로 등장한다. 그는 포세이돈과 리비에 사이에서 태어난 아들로 이집트에서 건너와 메가라의 왕이 되었다고 한다. 렐렉스의 아들 클레손에게는 필라스라는 아들이 있었는데 필라스는 메가라의 왕위에 오른 뒤 숙부 비아스를 살해하고 나라에서 추방되었다. 필라스는 먼저 메세니아로 가서 그곳에 자신의 이름을 딴 필로스라는 도시를 건설했다. 하지만 필라스는 곧 넬레우스에 의해 메세니아에서도 쫓겨났다. 그러자 그는 다시 엘레이아로 이주해서 그곳에도 필로스라는 이름의 도시를 세웠다.

필라스가 메가라의 왕위에서 물러난 뒤 그의 딸 필리아와 결혼한 아테네 출신의 판디온이 메가라의 왕이 되었다. 부왕 케크롭스에 이어 아테네 왕이 되었던 판디온은 숙부 메티온의 아들들이 일으킨 반란으로 아테네의 왕위에서 쫓겨나 메가라로 와서 필라스의 사위가 되었던 것이다.

  필리아와 판디온 사이에서는 네 아들 아이게우스, 팔라스, 니소스, 리코스가 태어났다. 판디온이 죽은 뒤 메가라의 왕위에 오른 니소스는 다른 형제들과 함께 아테네로 쳐들어가 메티온의 자식들을 몰아내고 아이게우스를 아테네의 왕좌에 앉혔다. 아테네 왕조는 그 후 아이게우스의 아들 테세우스와 그 후손들에 의해 계승되었다.

# 로데 **Rhode**

요약

그리스 신화에 등장하는 바다의 님페이다. 로도스 섬의 수호신이기도 하다.

로데는 '장미'라는 뜻으로 로도스 섬의 동전에 장미 문양이 새겨져 있는 것은 이 때문이다. 로데는 로도스라고도 불린다.

기본정보

| 구분 | 님페 |
|------|------|
| 외국어 표기 | 그리스어: Ῥόδη, 혹은 Ῥόδος |
| 어원 | 장미 |
| 별칭 | 로도스(Rhodos) |
| 관련 지명 | 로도스 섬 |
| 가족관계 | 포세이돈의 딸, 아프로디테의 딸, 헬리오스의 아내, 트리톤의 남매 |

인물관계

로데는 포세이돈과 암피트리테(혹은 할리아, 아프로디테) 사이에서 난 딸로 트리톤과 남매지간이다. 로데는 태양신 헬리오스와 결합하여 일곱 아들을 낳았다.

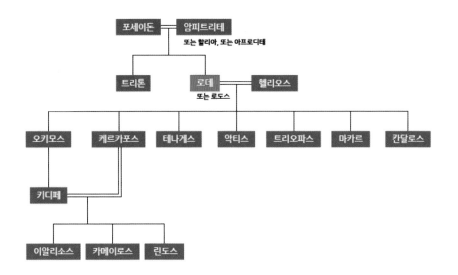

## 신화이야기

### 로도스 섬의 시조

로데(혹은 로도스)의 출생에 관해서는 몇 가지 이야기가 있다. 가장 일반적으로 받아들여지는 것은 해신 포세이돈과 암피트리테 부부 사이에서 난 딸로 트리톤과 남매지간이라는 이야기이다. 하지만 로데의 어머니는 암피트리테가 아니라 폰토스의 딸인 바다의 님페 할리아라는 이야기도 있고 미의 여신 아프로디테라는 이야기도 있다. 로데의 출생 신화에 어머니로서 등장하는 세 여신은 이름만 다를 뿐 내용은 같다.

로데는 태양신 헬리오스와 결합하여 일곱 아들 헬리아데스(헬리오스의 자손)를 낳았는데 장남 오키모스가 로도스의 통치자가 되었다. 오키모스가 죽은 뒤에는 동생 케르카포스가 왕위에 올랐다. 케르카포스는 오키모스의 딸 키디페와 결혼하여 세 아들 이알리소스, 카메이로스, 린도스를 낳았다. 케르카포스의 세 아들은 나중에 로도스 섬에 각기 자신의 이름을 딴 도시를 건립하였다.

### 달아난 형제들

헬리오스와 로데 사이에서 난 일곱 아들 중에서는 테나게스가 가장 재주가 뛰어나 사람들의 칭송을 받았다. 하지만 테나게스는 그의 재능을 시기한 다른 형제들에 의해 목숨을 잃고 만다. 테나게스를 죽인 형제들은 오키모스와 케르카포스를 제외한 악티스, 트리오파스, 마카르, 칸달로스 등 네 명이었다. 이들은 로도스 섬에서 도망쳤는데 악티스는 이집트로, 트리오파스는 카리아로, 마카르는 레스보스 섬으로, 칸달로스는 코스 섬으로 각각 달아나 그곳에 자신들의 터전을 마련하였다.

### 로도스의 거상

고대의 7대 불가사의로 꼽히는 로도스 거상은 기원전 304년 마케도니아와의 전쟁에서 승리한 뒤 승전기념비로 세운 헬리오스 신의 동

**로도스의 거상**
미상

상이다. 신화에 따르면 태양신 헬리오스는 바닷물 속에 잠겨 있던 로도스 섬을 물 위로 떠오르게 하여 자신의 영토로 삼았다고 한다. 로도스 섬의 주민들은 헬리오스를 자신들의 수호신으로 열렬히 숭배하였다.

로도스의 만드라키아 항구 입구에 건설되었던 헬리오스의 거상은 길이가 36미터에 이르는 거대한 동상으로 적군이 버리고 간 20여 톤의 철과 동을 녹여서 12년에 걸쳐 만들어졌다. 뉴욕에 있는 자유의 여신상의 길이가 48미터인 점을 고려하면 로도스의 거상이 고대의 불가사의로 손꼽힌 이유를 짐작할 수 있다. 거상은 내부에 나선형의 계단을 통해 머리 꼭대기까지 올라갈 수 있었으며 그 위에는 불을 밝히는 방이 있어 등대의 역할도 했다고 한다.

로도스의 거상은 기원전 227년에 있었던 대지진 때 다리가 꺾이며 쓰러졌으며 그 상태로 800여 년을 방치되었다가 서기 672년에 완전히 철거되었다.

# 로도피스 Rhodopis

요약

  그리스 신화에 나오는 이집트의 처녀이다.
  역사가 헤로도토스는 로도피스의 전설이 실제 인물이었던 전설적인 미모의 이집트 창녀에게서 비롯되었다고 하였다. 로도피스는 매가 그녀의 신발 한 짝을 물어다 파라오에게 떨어뜨린 바람에 이집트의 왕비가 되었다고 한다.

## 기본정보

| 구분 | 왕비 |
|------|------|
| 상징 | 빼어난 미모의 여인 |
| 외국어 표기 | 그리스어: Ροδωπις |
| 어원 | 장미 같은 얼굴 |
| 관련 동화 | 신데렐라 |

## 신화이야기

### 이집트의 창녀

  헤로도토스는 『역사』에서 기원전 6세기 무렵에 이집트에 살았다는 전설적인 미모의 창녀 로도피스에 관해서 언급하고 있다.
  그녀는 트라키아 출신의 그리스 노예였는데 아마시스왕 치세에 이집트로 팔려왔다고 한다.(또 다른 이야기에 따르면 이집트에서 그녀를 산 사람은 시인 사포의 남동생으로 알려진 상인 카락소스였다.)

이집트에서 그녀는 빼어난 미모로 많은 돈을 벌었는데 그 중 십 분의 일을 델포이 신전에 봉헌하였다고 전해진다.

헤로도토스에 따르면 당시 로도피스의 이야기는 그리스인이라면 모르는 사람이 없을 정도로 유명했으며 심지어 기제의 피라미드들 중 하나가 그녀의 무덤이라는 이야기도 있었다고 한다. 하지만 카락소스의 팜므파탈로 유명한 도리카라는 이름의 여인과 그녀가 동일인이었는지는 확실치 않다. '장미 같은 얼굴'이라는 뜻의 로도피스라는 이름은 그녀가 흰색 피부를 지닌 창녀였기 때문에 붙여진 것으로 보이지만 실제 이름이 도리카였는지는 알 수 없다.

**춤추는 창녀**
아티카 적색상 도기, 기원전 490년경
영국 박물관

## 스트라본이 전하는 로도피스 이야기

1세기 무렵의 그리스 학자 스트라본의 기록에 등장하는 로도피스는 거의 동화의 인물에 가깝다. 그에 따르면 로도피스는 대단히 아름다운 이집트 처녀였다고 한다. 하루는 그녀가 목욕을 하고 있는데 매한 마리가 날아와 그녀의 신발을 한 짝 물고 갔다. 매는 멤피스로 날아가서 파라오 프삼메티코스왕의 발치에 그녀의 신발을 떨어뜨렸다. 파라오는 이를 호루스 신의 계시로 여겨 신하들에게 온 이집트를 다 뒤져서라도 신발의 주인을 찾아오라고 명하였다. 파라오의 신하들이 신발 한 짝을 들고 이집트 방방곡곡을 돌아다닌 끝에 나우크라티스에서 신발이 꼭 맞는 로도피스를 찾아내어 파라오에게로 데려갔고 파라오는 그녀를 왕비로 맞았다. 기제의 피라미드에 그녀가 묻혀 있다는 주장은 이런 이야기에서 비롯되었다.

### 신데렐라 동화의 기원

잃어버린 신발 한 짝을 통해 왕과 결혼하게 된다는 이야기는 후대의 여러 동화에 등장하는 모티브가 되었다. 고대 그리스와 로마뿐만 아니라 페르시아와 중국의 설화집에도 비슷한 이야기가 있으며, 가장 널리 알려진 이야기로는 근대 유럽의 동화 〈신데렐라〉가 있다.

# 로마 Rome

## 요약

로마 신화에서 도시 혹은 국가 로마가 의인화된 여신이다.

국가의 수호신으로서 로마 여신에 대한 본격적인 숭배가 시작된 것은 아우구스투스 황제 때였다. 아우구스투스 황제는 로마 여신을 통해 로마의 국가 이념에 종교적 신성을 부여하고자 했다.

## 기본정보

| 구분 | 지명이 의인화된 신 |
|------|------------------|
| 상징 | 로마 시, 로마 제국 |

## 신화이야기

### 로마 여신 숭배

로마 여신에 대한 최초의 기록은 기원전 270년경에 로마에서 제작된 동전에서 발견된다. 하지만 그보다 70여 년 뒤에 칼라브리아의 로크리 시에서 제작된 동전에도 로마 여신이 등장하는 것으로 보아, 로마 이외의 지역에 거주하는 사람들도 로마 여신을 종교적으로 숭배하였음을 알 수 있다. 실제로 최초의 로마 여신 숭배는 그리스 권역에서 확인되었다. 기원전 195년에 소아시아의 스미르나에 세워진 로마 여신의 신전이 그것이다. 그밖에도 로마 여신 숭배는 에페소스, 사르디스, 델로스 등지에서도 발견된다.

## 로마 제국의 수호신

　로마 여신을 국가의 수호신으로 숭배하기 시작한 것은 공화국 제 1시민(Princeps Civitatis)의 칭호를 받았던 아우구스투스였다. 아우구스투스는 로마 제국에 대한 정치적 선전의 일환으로 공공연하게 로마 여신에 대한 숭배를 장려하면서 로마의 국가 이념에 종교적 신성을 부여하고자 했다. 그는 자신의 업적을 기록한『아우구스투스 업적록』이 보관된 로마 여신과 자신의 신전을 여러 곳에 건립하는 방식으로 새로운 로마의 여신을 널리 알렸다. 로마 식민지 루그두눔(오늘날의 리옹)에 건립된 로마 여신과 아우구스투스의 제단이 그 예다.

로마 시 카피톨리오 광장에 있는 로마 여신상

　서기 121년부터 136년에 걸쳐 하드리아누스 황제와 안토니누스 피우스 황제는 로마 여신과 베누스 여신에게 바치는 신전을 건설하였는데 이 신전은 그때까지 로마에 건설된 신전 중에서 가장 거대한 것이었다. 이로써 로마 여신은 로마 제국을 대표하는 국가적 수호신의 하나가 되었다.

# 로메 Rhome

## 요약

그리스 로마 신화에 나오는 로마 지명의 기원이 된 여성이다.
아이네이아스 일행의 배가 라티움의 티베리스 강변에 도착했을 때 트로이 여인들을 선동하여 배에 불을 질러 일행을 그곳에 정착하게 만들었다.

## 기본정보

| 구분 | 지명의 시조가 된 인간 |
|------|----------------------|
| 상징 | 로마 |
| 외국어 표기 | 그리스어: Ρώμη |
| 어원 | 힘, 강함 |
| 별칭 | 로마(Rome) |
| 로마 신화 | 로마 |

## 인물관계

로메의 가계도는 아이네이아스 계보와 오디세이아 계보로 나누어 볼 수 있다.

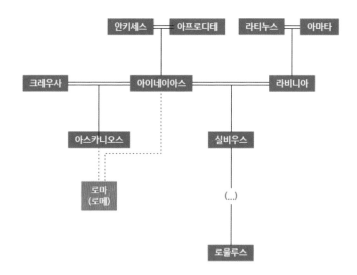

## 신화이야기

### 로마 시 지명의 시조

아이네이아스가 트로이의 유민들을 이끌고 이탈리아에 도착했을 때 일행 중에 로메(혹은 로마)라는 이름의 여인이 있었다고 한다. 아이네이아스가 트로이에서 라티움으로 데려온 여자 노예라고도 하고 포로라고도 하는 이 트로이 여인은 아이네이아스의 배가 폭풍우에 떠밀려 티베리스 강 연안에 닿았을 때 트로이의 여인들을 선동하여 다시 배가 바다로 나가지 못하도록 불태워 버리게 하였다. 그리하여 아이네이아스 일행은 더 이상 여행을 하지 못하고 티베리스 강변에 있는 팔라티누스 언덕에 도시를 건설하고 정착하였다. 나중에 도시가 번창하자 사람들은 그곳에 정착하게 만들어준 여인의 이름을 따서 도시를 로마라고 명명하였다.

### 아이네이아스와 관련된 전설

로마 시에 이름을 준 여인에 관한 전설은 그밖에도 많다. 일설에 따르면 그녀는 노예나 포로가 아니라 아스카니오스의 딸이자 아이네이아스의 손녀라고 한다. 그녀는 아이네이아스와 아스카니오스가 원주민들과 싸워 장차 로마가 될 지역을 정복하자 팔라티누스 언덕에 피데스의 신전을 지어 이곳에 도시가 건설되게 하였고, 이 도시가 나중에 그녀의 이름을 기려 로마라고 불리게 되었다는 것이다. 이 전설의 또 다른 전승에 따르면 로메(로마)는 아스카니오스의 딸이 아니라 아내였다고 하며 그녀가 아예 아이네이아스의 아내였다는 이야기도 있다. 이 경우 그녀는 텔레포스의 딸로 헤라클레스의 손녀가 된다.

## 오디세우스와 관련된 전설

로메는 오디세우스와 관련된 전설에도 등장한다. 여기서 그녀는 오디세우스의 아들 텔레마코스와 키르케 사이에서 난 딸로 라티누스와 남매지간이라고도 하고 라티누스와 결혼하여 로모스, 로물루스, 텔레고노스를 낳은 여인이라고도 한다. 이 이야기는 로마의 건설자로 알려진 로물루스의 출생 신화 중 한 갈래이기도 하다.

또 다른 전승에 따르면 그녀는 오디세우스와 키르케 사이의 아들 텔레고노스가 페넬로페와 결혼하여 낳은 이탈로스가 라티누스의 딸 레우카리아와 결혼하여 낳은 딸이라고도 한다.

# 로물루스 Romulus

## 요약

로마를 건설한 것으로 알려진 로마의 전설적인 초대 왕이다.

쌍둥이 동생 레무스와 함께 티베리스 강에 버려졌으나 암늑대의 젖을 먹으며 자랐다. 로물루스는 레무스와 함께 알바 롱가 왕국의 아물리우스왕을 죽이고 팔라티누스 언덕 기슭에 새 도시 로마를 건설하였다.

## 기본정보

| 구분 | 로마의 왕 |
|------|-----------|
| 상징 | 건국 시조 |
| 관련 상징 | 암늑대 |
| 관련 신화 | 로마 건국, 아이네이아스의 이탈리아 정착 |
| 가족관계 | 마르스의 아들, 레무스의 형제, 레아 실비아의 아들 |

## 인물관계

쌍둥이 형제 로물루스와 레무스는 알바 롱가의 왕 누미토르의 딸 레아 실비아가 군신 마르스(그리스 신화의 아레스)와 정을 통해 낳은 자식이다. 로물루스는 납치해온 사비니 여인 헤르실리아와 결혼하여 딸 프리마와 아들 아올리우스를 얻었다.

## 신화이야기

### 탄생

로물루스와 레무스는 아이네이아스의 후손인 누미토르의 딸 레아 실비아가 낳은 쌍둥이 형제이다. 알바 롱가 왕국의 13대 왕 프로카스 의 맏아들이었던 누미토르는 부왕에 뒤이어 왕위를 물려받았지만 동생 아물리우스에 의해 왕좌에서 쫓겨났다. 아물리우스는 자신의 왕위 찬탈에 대한 후환을 없애기 위해 누미토르의 아들들을 모두 죽이고 딸 레아 실비아는 베스타 여신의 사제로 만들었다. 베스타 여신을 모시는 사제는 평생 처녀로 지내야 하므로 누미토르의 후손이 태어날 염려가 없었기 때문이었다.

하지만 레아 실비아는 제단에 바칠 물을 길러 신성한 숲으로 갔다가 마르스를 만나 그와 사랑을 나누었다.(일설에는 그녀가 잠든 사이에 마르스가 겁탈하였다고도 한다.) 얼마 후 그녀가 쌍둥이 아들을 낳자 아물리우스는 두 아이를 티베리스 강에 내다버리게 하였다. 아물리우스의 시종들은 쌍둥이를 광주리에 넣어 강물에 띄워 보냈다. 하지만 홍수로 강물이 불어 광주리는 바다로 흘러가는 대신 상류인 팔라티누스 언덕 기슭에 있는 무화과나무 아래로 밀려갔다. 거기서 로물루스와 레무스는 암늑대에게 발견되었는데 암늑대가 두 아이를 자기 새끼들과 함께 젖을 먹여 돌보았다.

일설에 따르면 이 늑대는 마르스가 자기 자식을 위해 보낸 것이라고 한다. 또 딱따구리도 날아와 암늑대와 함께 아이들을 보살폈다.(늑대와 딱따구리는 마르스에게 바쳐진 동물이다.)

카피톨리노의 늑대. 늑대의 젖을 먹는 로물루스와 레무스
로마 카피톨리니 박물관
: 늑대는 기원전 5세기 동상이고 두 아이의 동상은 12세기에 추가된 것이다

얼마 뒤 두 아이는 왕의 가축들을 돌보는 목동 파우스툴루스에게 발견되었다. 파우스툴루스는 두 아이를 자기 집으로 데려가 자식처럼 키웠다. 일설에 따르면 두 아이는 목동 파우스툴루스의 아내 아카 라렌티아가 젖을 먹여 키웠는데 그녀는 부정한 행실 때문에 '암늑대'라는 별명을 얻고 있었다

고 한다. 라틴어로 암늑대는 창녀를 뜻하는 말이기도 하다.

한편 로물루스와 레무스의 어머니 레아 실비아는 동정을 지켜야 하는 계율을 어긴 죄로 산 채로 매장되었다고도 하고, 티베리스 강에 던져졌지만 하신 티베리누스에게 구출되어 그와 결혼하고 강의 여신이 되었다고도 한다.

### 알바 롱가의 왕을 죽인 로물루스와 레무스

두 아이는 파우스툴루스의 집에서 건장한 청년으로 자라났다. 파우스툴루스는 두 아이를 라티움의 중심지인 가비이에 보내 공부도 시켰다고 한다. 공부를 마치고 고향인 팔라티누스의 마을로 돌아온 두 형제는 어느 날 누미토르의 목동들과 싸움이 붙었다. 로물루스가 그들에게서 빼앗은 양떼를 몰고 집으로 돌아가는 사이에 레무스가 다시 공격해온 누미토르의 목동들에게 붙잡히는 신세가 되었다. 누미토르는 레무스를 심문하다가 이들 쌍둥이 형제가 자신의 손자들일 수도 있다는 생각이 들었지만 더 이상의 증거를 찾을 수는 없었다.

한편 뒤늦게 레무스가 붙잡혀간 사실을 알게 된 로물루스는 파우스툴루스와 함께 동생을 구출하기 위해 누미토르의 집으로 갔다. 이 과정에서 누미토르는 파우스툴루스로부터 쌍둥이의 출생에 관한 이야기 듣고 그들이 레아 실비아가 낳은 자신의 손자들이란 사실을 확인할 수 있었다.

**로물루스와 레무스**
페테르 파울 루벤스(Peter Paul Rubens), 1616년
로마 카피톨리니 박물관

자신들의 출생과 관련된 모든 이야기를 들은 로물루스와 레무스는 젊은이들을 규합하여 아물리우스의 궁전으로 쳐들어가 왕을 죽이고 원수를 갚았다.

## 로마의 건설

로물루스와 레무스는 알바 롱가의 왕권을 정당한 왕위계승자인 누미토르에게 맡기고 자신들은 새로운 도시를 건설하기 위해 떠났다. 두 형제는 자신들이 목동에게 처음 발견되었던 장소에 도시를 건설하기로 뜻을 모았다. 하지만 누가 그 일을 지휘할 것인가를 놓고 의견이 엇갈렸다. 그래서 두 형제는 각자가 선택한 지점에서 하늘을 나는 새들을 통해 신들의 뜻을 묻기로 하였다. 그 결과 레무스는 아벤티누스 언덕의 전망 좋은 지점에서 여섯 마리의 독수리가 하늘을 나는 것을 보았고 로물루스는 팔라티누스 언덕에서 열두 마리의 독수리를 보았다.

신들의 선택을 받은 로물루스가 즉시 황소 두 마리가 끄는 쟁기로 고랑을 파서 도시의 경계를 정하고 흙으로 성벽을 쌓기 시작했다. 하지만 하늘이 자신을 선택하지 않은 것에 화가 난 레무스가 아직 완성되지 않은 성벽을 훌쩍 뛰어넘으며 이렇게 빈약한 벽으로 어떻게 도시를 안전하게 유지할 수 있겠느냐고 로물루스를 비웃었다. 그러자 동생의 모독에 분개한 로물루스가 단칼에 레무스를 죽이고 "나의 성벽을 뛰어넘는 자는 누구나 이렇게 되리라."고 외쳤다고 한다.(또 다른 설에 의하면 레무스는 로물루스의 작업을 조롱하다 그의 부하인 케레스가 휘두른 곡괭이에 맞아 죽었다고 한다.) 하지만 레무스의 장례식 때 로물루스는 눈물을 흘리며 자신의 행동을 후회하였으며 낙담하여 스스로 목숨을 끊으려고까지 했다고 한다. 레무스는 아벤티누스 언덕에 묻혔다.

## 사비니 여인들의 납치

도시를 건설한 뒤 로물루스는 부족한 주민을 보충하기 위해 새 도

**사비니 여인들**
자크 루이 다비드(Jacques Louis David), 1799년, 루브르 박물관

시를 도망자와 망명자들의 피난처로 제공했다. 얼마 지나지 않아 도시는 젊은 남자들로 넘쳐나게 되었다. 하지만 대부분 범법자이거나 달아난 노예들인 새 이주자들은 이웃나라로부터 별로 호감을 얻지 못했기 때문에 아내를 구하기가 어려웠다. 문제를 해결하기 위해 로물루스는 이웃나라 사비니족의 여자들을 훔쳐올 계획을 세웠다. 그는 팔라티누스 언덕과 아벤티누스 언덕 사이의 골짜기에서 대대적인 콘수스 축제(농업축제)를 열고 인근 지역의 주민들을 초대하였다. 그리고 부하들에게 신호가 떨어지면 젊은 여자들을 모조리 납치하고 남자들은 쫓아버리게 하였다. 이때 납치된 사비니 여인들이 수백 명에 이르렀다.(일설에 납치된 사비니 여인들은 로물루스의 아내가 된 헤르실리아 한 명만 유부녀고 나머지는 모두 처녀였다고 한다.)

졸지에 딸들을 빼앗긴 사비니인들은 티투스 타티우스왕을 중심으로 군대를 조직하여 로마로 쳐들어왔다. 로물루스는 점점 패색이 짙어지자 유피테르(제우스)에게 형세를 역전시켜 달라고 기도하면서 자신의 소원이 이루어지면 그 자리에 신전을 지어 바치겠다고 약속했다.

로물루스의 기도는 응답을 받았다. 전투가 벌어지고 있는 싸움터에 갑자기 사비니 여인들이 나타나더니 남편과 아버지가 서로 죽이고 있는 꼴을 더 이상 잠자코 볼 수가 없다며 눈물로 화친을 호소하였던 것이다. 그 결과 양측의 휴전협정이 성사되었다. 그 후 로물루스와 티투스 타티우스왕은 두 민족을 하나로 합치고 로마를 수도로 하는 연방국가를 수립하여 공동의 통치자가 되었다. 타티우스왕이 죽은 뒤 로물루스는 로마의 유일한 통치자가 되었다.

## 로물루스의 죽음

로물루스는 그 후 33년 동안 로마를 다스리며 나라를 발전시켜 '조국의 아버지'라는 칭호를 얻었다. 로물루스의 통치는 기이한 방식으로 끝이 났다. 그가 '마르스 평원'에서 군대를 사열하고 있을 때 갑자기 일식과 함께 무시무시한 폭풍우가 쏟아졌는데 날이 개이고 보니 왕이 사라지고 없었던 것이다. 사람들은 로물루스가 신이 되었다고 믿었다.

그 후 율리우스 프로쿨루스라는 로마인이 꿈에서 로물루스를 보았는데 신들이 자신을 데려갔다고 말하더라고 했다. 또 로물루스는 자신이 퀴리누스 신이 되었다면서 퀴리날리스 언덕에 자신을 위한 신전을 지어줄 것도 당부했다고도 한다. 하지만 역사가들 중에는 로물루스왕의 지나친 인기를 우려한 원로원이 왕을 제거한 뒤 민심을 달래기 위해 그와 같은 이야기를 지어낸 것으로 보는 이들도 있다.

# 로이코스 Rhoecus

요약

그리스 신화에 나오는 반인반마족 켄타우로스의 하나이다.

친구 힐라이오스와 처녀사냥꾼 아탈란테를 겁탈하려다 그녀의 화
살에 맞아 죽었다.

그밖에도 로이코스는 나무의 님페 하마드리아스가 보낸 벌에 쏘여
눈이 먼 남자의 이름이기도 하다.

기본정보

| 구분 | 켄타우로스(반은 사람, 반은 동물) |
|---|---|
| 외국어 표기 | 그리스어: Ῥοῖκος |
| 관련 동물 | 꿀벌 |
| 관련 신화 | 아탈란테, 하마드리아데스 |
| 가족관계 | 익시온의 아들, 네펠레의 아들, 힐라이오스의 형제 |

인물관계

켄타우로스는 대개 테살리아 왕 익시온이 헤라 여신을 겁탈하려다 헤라의 환영으로 변신한 구름의 님페 네펠레와 정을 통하여 낳은 자식들이라고 알려져 있다. 로이코스와 힐라이오스는 그 중 하나이다. 하지만 반인반마 현자 케이론이나 폴로스 등은 다른 켄타우로스들과 태생이 다르다고 한다.

## 신화이야기

### 로이코스와 힐라이오스

켄타우로스족인 로이코스는 친구 힐라이오스와 함께 숲을 달리다 우연히 처녀사냥꾼 아탈란테와 마주쳤다. 아탈란테는 홀로 숲 속에서 사냥을 하고 있었다. 두 켄타우로스는 아름다운 아탈란테에게 반해서 그녀를 겁탈하려 했다. 하지만 아탈란테는 펠리아스의 장례 경기에서 아킬레우스의 아버지 펠레우스를 이기고 우승을 차지했을 정도로 날래고 힘이 센 장사였다. 아탈란테를 뒤쫓던 두 켄타우로스는 얼

**펠레우스와 아탈란테의 씨름**
아티카 도기, 기원전 500년, 뮌헨 국립고대미술박물관

마 지나지 않아 오히려 쫓기는 신세가 되었고 둘다 그녀의 화살에 목숨을 잃었다.

## 하마드리아스와 로이코스

　로이코스는 『아폴로니오스 로디오스 주석집』에 나오는 한 남자의 이름이기도 하다. 그에 따르면 로이코스는 숲에서 쓰러지기 직전인 떡갈나무를 보고 하인들을 시켜 나무를 받쳐주게 하여 그 나무에 깃든 나무의 님페 하마드리아스의 생명을 구해주었다. 하마드리아스는 그 보답으로 로이코스에게 소원을 한 가지 들어줄 테니 말해보라고 하였다. 로이코스는 님페의 사랑을 원했다. 그러자 하마드리아스는 자신과의 사랑을 절대로 저버리지 말라고 경고하고 그의 사랑에 응해주었다. 하마드리아스는 그에게 연락할 때 꿀벌을 전령으로 보내겠다고 하였다. 하지만 어느 날 꿀벌이 님페의 전갈을 가지고 찾아갔을 때 한참 장기에 몰두하고 있던 로이코스는 무심결에 손을 휘둘러 꿀벌을 쫓아버렸다. 그러자 화가 난 님페가 꿀벌에게 로이코스의 눈을 쏘게 하여 그를 장님으로 만들어버렸다. 일설에는 하마드리아스 자신이 꿀벌로 변해서 로이코스를 찾아갔던 것이라고도 한다.

# 로토파고이 Lotophagi

## 요약

  그리스 신화에 나오는 전설의 부족이다.

  로토파고이족은 말 그대로 로토스를 먹는 부족이다. 트로이 전쟁을 끝내고 귀향하던 오디세우스 일행이 로토파고이족의 섬에 들렀을 때 그들로부터 로토스를 대접받았는데 그것을 먹은 사람은 세상사를 모두 잊고 그냥 그 섬에 안주하려 했다고 한다.

## 기본정보

| 구분 | 부족 |
|------|------|
| 상징 | 망각, 도취, 망향 |
| 외국어 표기 | 그리스어: λωτοφάγοι. |
| 어원 | 로토스를 먹는 자들 |
| 별칭 | 로토파고스(단수형) |
| 관련 신화 | 오디세이아 |

## 신화이야기

### 로토스를 먹는 사람들

  호메로스의 『오디세이아』에는 오디세우스가 로토스를 먹고 사는 부족인 로토파고이족을 만난 이야기가 나온다.

  트로이 전쟁을 끝내고 귀향하던 오디세우스 일행은 펠로폰네소스 반도 남단 말레아 곶을 지나다 무시무시한 북풍을 만나 로토파고이족

**로토파고이족으로부터 동료들을 떼어내는 오디세우스**
18세기 프랑스 판화

이 사는 섬에 표착하게 된다. 로토파고이족이 오디세우스 일행을 환대
하며 자신들이 먹는 로토스를 대접했는데 그것을 먹은 오디세우스의
부하들은 고향으로 돌아가려는 생각을 잊고 그 섬에서 로토스를 먹
으며 안주하려고 했다. 오디세우스는 결국 이들을 억지로 끌고 가서
배에 묶은 다음 출발해야 했다.

### 호메로스의 『오디세이아』에 나오는 로토파고이족 이야기

"그곳으로부터 나는 그 무시무시한 바람에 아흐레 동안 물고기가
많은 바다 위를 밀려다녔소. 그러다가 열흘째 되던 날 우리는 뭍에
올랐는데 그곳은 채식을 하는 로토파고이족의 나라였소. 그곳에서
우리는 뭍에 올라 물을 길었고 전우들은 날랜 함선들 옆에서 지체
없이 점심을 먹었소. 그리하여 먹고 마시는 일이 끝났을 때 나는
전우들을 내보내 이곳 대지 위에서 빵을 먹고 사는 자들이 어떤
인간들인지 가서 알아오게 했소.

나는 전우 두 명을 뽑았고 세 번째 전우는 전령으로 딸려 보냈소.
그리하여 그들은 지체 없이 가서 로토파고이족과 어울렸소.
그러나 로토파고이족은 우리 전우들에게 파멸을 꾀하는 것이 아니
라 로토스를 먹으라고 주었고 그리하여 우리 전우들 가운데 꿀처
럼 달콤한 로토스를 먹은 자는 소식을 전해주거나 귀향하려고 하
기는커녕 귀향은 잊어버리고 그곳에서 로토스를 먹으며 로토파고
이족 사이에 머물고 싶어했소.
나는 울고불고하는 이들을 억지로 함선들이 있는 곳으로 데려와
노 젓는 자리들 밑으로 끌고 가 속이 빈 배 안에 묶었소.
그러고 나서 나는 로토스를 먹고 귀향을 잊어버리는 일이 없도록
사랑하는 다른 전우들에게 어서 서둘러 날랜 배에 오르라고 명령
했소. 그러자 그들은 지체 없이 배에 올라 노 젓는 자리에 앉았소.
그들은 순서대로 앉더니 노로 잿빛 바닷물을 쳤소."(『오디세이아』)

## 헤로도토스가 전하는 로토파고이족

헤로도토스의 『역사』에도 로토파고이족의 이야기가 나온다. 그에 따
르면 그들은 북아프리카 리비아 해안에 있는 긴다네스국의 바다로 돌
출된 곳에 모여 사는 부족으로 로토스 만을 먹고 살았다고 한다.

헤로도토스는 로토스를 열매로 소개하면서 크기는 유향수(乳香樹)
열매만하고 맛은 대추야자 못지않게 달다고 했다. 로토파고이족은 이
열매로 술도 빚어 마셨다고 한다.

인근 부족인 마클리에스족도 로토스를 먹고 살았는데 그들은 로토
파고이족만큼 전적으로 로토스 열매에 의존하지는 않았다고 했다.

## 관련 문학 작품

영국의 계관시인 앨프리드 테니슨은 1832년에 〈로토스를 먹는 자들 (The Lotos Eaters)〉이라는 시를 발표했다.

로토파고이족은 제임스 조이스의 장편소설 『율리시즈』에서 중요한 역할을 한다. 조이스는 원래 소설 2부의 제목을 '로토파고이'로 정하려고 했던 것으로 알려져 있다. 그의 소설에서 로토파고이족은 아일랜드 민족 특히 더블린 사람들에 대한 비유로 사용되고 있다.

# 로티스 Lotis

요약

로티스는 프리아포스가 사랑한 님페이다.
그녀는 프리아포스를 피해 도망가다 나무로 변신했다.

기본정보

| 구분 | 님페 |
|------|------|
| 상징 | 정절, 연꽃 |
| 외국어 표기 | 그리스어: Λωτίς |
| 관련 신화 | 프리아포스, 드리오페 |
| 가족관계 | 포세이돈의 딸, 네레우스의 딸 |

인물관계

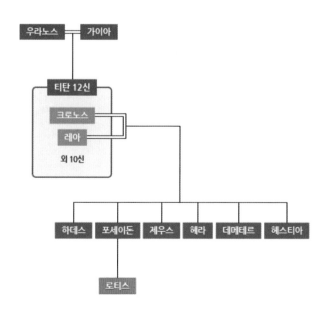

포세이돈의 딸이다. 일설에 의하면 네레우스의 딸이라고도 한다.

## 신화이야기

### 개요

로티스는 포세이돈의 아름다운 딸로 프리아포스가 사랑한 님페이
다. 프리아포스는 미와 사랑의 여신 아프로디테와 디오니소스 사이에
태어난 아들로 태어날 때부터 거대한 남근을 갖고 있었다. 그는 어머
니 아프로디테조차 버릴 정도로, 새 떼까지 도망갈 정도로, 그 외모가
흉물스러웠다고 한다. 오비디우스는 프리아포스를 "남근으로 새떼를
쫓은 이"라고 익살스럽게 표현한 바 있다.

그렇게 흉물스러운 외모를 가진 프리아포스에게도 사랑은 비켜가지
않았다. 그가 사랑한 대상은 바로 포세이돈의 아름다운 딸 님페 로티
스였다. 엄마까지 버린 흉측한 외모의 프리아포스의 구애를 로티스는
매번 거부하며 도망을 다니곤 했다.

그러나 더 이상 도망갈 수 없는 상
황이 오자 로티스는 신들에게 구해
달라고 기도했고 신들은 로티스를
로토스나무로 만들어주었다.

『변신이야기』는 로티스를 "음탕한
프리아포스"를 피해 달아난 요정이
라고 언급한다.

로티스는 대개 연꽃을 의미하는
데, 또 다른 이야기에 의하면 대추
비슷한 열매가 열리는 자주색 꽃이
피는 나무라고 한다.

**프리아포스**
찰스 타운리(Charles Townley)
1768~1805년, 영국 박물관

### 로티스와 프리아포스 그리고 당나귀

오비디우스가 쓴 또 다른 책『로마의 축제일』은 프리아포스와 로티스에 관한 일화 하나를 소개하고 있다.

디오니소스 축제에 참가한 로티스가 "놀이에 푹 빠져 놀다가 지쳐" 단풍나무 밑 풀밭에서 곤하게 잠이 들었다. 로티스에 반해 사랑의 포로가 된 프리아포스가 "외딴 곳에 있는 백설같이 하얀 요정의 잠자리"로 다가가 바야흐로 행복을 누리려던 바로 그 순간 느닷없이 당나귀 한 마리가 울부짖었다. 로티스는 깜짝 놀라 고함을 지르며 도망쳤고 이러한 소동에 사람들은 모두 잠이 깼다.『로마의 축제일』은 이후의 상황에 대해 다음과 같이 전한다.

"그러자 남근이 너무나 곧추서 있던 신은 달빛에 그 모습이 드러나 모두에게 웃음거리가 되고 말았습니다."

당나귀가 우는 바람에 사랑에 실패한 프리아포스는 즉시 당나귀를 죽여버렸다. 오비디우스는 이 이야기와 연관지어 프리아포스를 경배하는 람프사코스 일대에서 당나귀를 제물로 바치는 풍습을 설명하고 있다. 이 이야기에는 로티스가 나무로 변신하는 내용은 등장하지 않는다. 로티스가 꽃나무로 변신한 것은 그 이후에 일어났을 것이다.

### 신화 뒷 이야기

오이칼리아왕의 딸 드리오페가 님페들에게 바칠 화환을 만들기 위해 호숫가로 가는 도중에 자주색 꽃이 활짝 핀 나무 곁을 지나가게 되었다. 드리오페는 아들에게 주기 위해 꽃을 몇 송이 꺾었는데 이 꽃나무가 하필이면 님페 로티스가 변신한 로토스나무였던 것이다. 꽃에서 핏방울이 떨어지고 가지들은 두려움에 떨고 있었다. 드리오페 또한 꽃을 꺾은 죄로 나무로 변하게 되었다.

# 루아 Lua

요약

로마의 옛 신화에 등장하는 여신이다.

'루아 사투르니'라고 불리며 사투르누스의 아내로 알려져 있다. 로마의 병사들이 전쟁이 끝난 뒤 적에게서 빼앗은 무기를 루아의 신전 앞에서 불태웠다고 한다.

기본정보

| 구분 | 농경의 신, 개념이 의인화된 신 |
|------|------------------------------|
| 상징 | 풍요, 수확, 출생, 전쟁의 속죄 |
| 별칭 | 옵스(Ops) |
| 그리스 신화 | 레아(Rhea) |
| 관련 상징 | 무기 |
| 가족관계 | 우라노스의 딸, 야누스의 남매, 사투르누스의 아내, 크로노스의 아내 |

인물관계

루아가 옵스의 다른 이름일 경우 루아는 카일루스(우라노스)와 트리비아(헤카테) 사이에서 태어난 딸로 사투르누스(크로노스), 야누스 등과 남매지간이다. 사투르누스와 결혼하여 유피테르(제우스), 넵투누스(포세이돈), 플루톤(하데스), 유노(헤라), 케레스(데메테르), 베스타(헤스티아)를 낳았다. 괄호 안은 그리스 신화에서 동일시되는 신의 이름이다.

## 신화이야기

### 사투르누스의 아내

로마의 옛 신화에 등장하는 여신 루아는 고대 에트루리아에 기원을 두고 있는 것으로 여겨진다. 로마 신화에서 그녀는 '루아 사투르니(Lua saturni)'라 불리며 항상 사투르누스와 함께 언급된다. 그렇기 때문에 루아는 사투르누스의 아내 옵스 여신의 다른 이름으로 여겨지기도 한다.

옵스는 그리스 신화에 나오는 대지와 풍요의 여신 레아와 동일시되며 사투르누스는 그리스 신화에서 티탄 신족의 우두머리로 나오는 레아의 남편 크로노스와 동일시된다.

전쟁에서 흘린 피를 속죄하는 의식

  루아는 농경신으로 수확과 생산을 관장한다. 그러므로 전쟁에 적대적이다. 고대 로마에서는 전쟁을 치른 뒤 적에게서 빼앗은 무기들을 그녀의 신전 앞에서 불태워 봉헌하는 의식을 행하였다. 여기에는 전쟁에서 흘린 피를 속죄하는 의미가 담겨 있었다.

  그밖에 '루아'라는 이름과 직접적으로 관련된 신화는 더 이상 전해지지 않는다.

**곡식 다발과 풍요의 뿔을 손에 든 옵스 여신으로 묘사된 리비아 드루실라(아우구스티누스 황제의 세 번째 부인)**
페테르 파울 루벤스(Peter Paul Rubens), 1630년경
국립서양미술관

# 리모스 Limos

요약

그리스 신화에 등장하는 허기(虛飢)의 여신이다.

리모스는 데메테르 여신의 명령으로 그녀의 신성한 숲을 파괴한 테살리아 왕 에리시크톤의 뱃속에 채울 수 없는 허기를 심어 주었다. 에리시크톤은 굶주림에 시달리다 못해 제 살을 뜯어먹고 죽었다.

기본정보

| 구분 | 개념이 의인화된 신 |
|------|------|
| 상징 | 채울 수 없는 허기 |
| 외국어 표기 | 그리스어: λιμός |
| 어원 | 기아 |
| 로마 신화 | 파메스(Fames) |
| 가족관계 | 에리스의 딸, 닉스의 손녀 |

인물관계

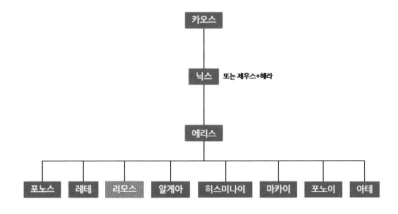

헤시오도스의 『신들의 계보』에 따르면 리모스는 불화의 여신 에리스의 딸이다. 포노스(노고), 레테(망각), 알게아(고통), 히스미나이(다툼), 마카이(전쟁), 포노이(살해), 아테(미망) 등이 그녀의 형제들이다.


## 신화이야기

### 개요

불화의 여신 에리스의 딸 리모스는 기아와 굶주림이 인격화된 신으로 데메테르나 플루토스처럼 곡물과 풍요를 상징하는 신과 반대되는 성격을 지닌다.

오비디우스의 『변신이야기』에 따르면 리모스는 얼음처럼 차가운 스키티아의 가장 먼 변경에 있는 곡식도 초목도 나지 않는 황량한 불모지에 살고 있다. 오비디우스는 그녀의 용모를 다음과 같이 묘사하였다.

> "머리는 헝클어져 있고, 두 눈은 움푹 들어가 있고, 얼굴은 창백했고, 입술은 말라 갈라졌고, 입안은 태(苔)로 거칠어졌고, 살갗은 딱딱하게 말라 안에 있는 내장이 들여다보였소.
> 그녀의 앙상한 좌골들은 움푹 들어간 허리 아래로 튀어나와 있었고, 배는 빈자리에 불과했소.
> 그대는 그녀의 가슴이 허공에 매달려 있고, 척추의 뼈대에 간신히 붙들려 있다고 생각할 것이오.
> 그녀는 수척하여 관절이 굵어 보였고, 무릎은 부어올랐으며 복사뼈는 지나치게 큰 혹처럼 툭 튀어나와 있었소."

베르길리우스는 『아이네이스』에서 리모스를 저승의 입구를 지키는 괴물들 중 하나로 묘사하였다.

그리스 신화에서 리모스가 등장하는 가장 유명한 이야기는 테살리아 왕 에리시크톤의 신화이다.

### 에리시크톤과 그의 딸 메스트라

테살리아 왕 에리시크톤은 무례하고 불경한 인물로, 식당을 지을 재목이 필요하자 거침없이 데메테르 여신에게 봉헌된 신성한 숲의 나무들을 자르게 하였다. 그는 데메테르 여신의 화관이 달린 커다란 참나무를 아무도 감히 베려 하지 않자 직접 도끼를 들고 나가 나무를 찍었다. 나무에서는 피가 흘렀다. 나무에 깃든 님페 하마드리아데스가 흘리는 피였지만 그는 아랑곳하지 않고 신성한 나무를 기어코 쓰러뜨렸다.

분노한 데메테르 여신은 기아의 여신 리모스에게 명하여 에리시크톤을 채워지지 않는 굶주림에 시달리도록 하였다. 리모스는 에리시크톤의 집을 찾아가 잠자고 있는 그의 뱃속과 혈관에 허기를 뿌려놓았다. 잠에서 깬 에리시크톤은 불같은 식욕을 느끼며 미친 듯이 먹어대기 시작했다. 하지만 아무리 먹어도 포만감은 찾아오지 않았다. 얼마 후

**에리시크톤과 그의 딸 메스트라**
요한 빌헬름 바우어(Johann Wilhelm Baur), 17세기, 오비디우스 『변신이야기』의 삽화

그는 허기를 달랠 음식을 마련하느라 재산을 모두 탕진하고 말았다.

더 이상 음식을 마련할 재산이 없게 된 에리시크톤은 하나뿐인 딸 메스트라를 돈 많은 구혼자에게 팔아버렸다. 하지만 메스트라는 그녀를 사랑하는 해신 포세이돈이 모습을 마음대로 바꿀 수 있는 능력을 준 덕분에 팔려간 곳에서 빠져나올 수 있었다.

딸의 능력을 눈치 챈 에리시크톤은 계속해서 그녀를 팔아 음식을 구했고 메스트라는 그때마다 암말, 새, 사슴, 염소 따위로 변신하여 다시 집으로 돌아왔다. 하지만 에리시크톤의 굶주림은 점점 더 심해져갔고 마침내 딸 메스트라가 마련하는 음식으로도 허기를 면할 수 없게 되자 제 입으로 제 사지를 뜯어먹으며 최후를 맞았다.

# 리베르 Liber

요약

　로마 신화에서 동식물의 번식과 성장을 주관하는 전원의 신이다.
　리베르는 또한 걱정과 근심으로부터 해방시켜주는 술의 신으로서
숭배되며 그리스 신화의 디오니소스와 동일시된다.


기본정보

| 구분 | 전원의 신 |
|------|-----------|
| 상징 | 포도주, 해방자 |
| 어원 | 자유롭다 |
| 별칭 | 바쿠스(Bacchus) |
| 그리스 신화 | 디오니소스(Dionysus) |
| 관련 상징 | 포도나무 |
| 가족관계 | 리베라의 남편 |

인물관계

　리베르는 로마 전래의 신으로 그리스 신화의 디오니소스에 해당한
다. 리베르는 케레스, 리베라와 함께 아벤티노 언덕의 3신으로 불리며
평민 계급의 수호신으로 숭배되었다. 이들은 귀족 계급의 수호신인 카
피톨리노 언덕의 3신 유피테르, 유노, 미네르바와 대비되었다.
　리베라는 리베르의 아내로 간주되기도 한다.

| 아벤티노 언덕의 3신 | | | 카피톨리노 언덕의 3신 | | |
|---|---|---|---|---|---|
| 리베르<br>(디오니소스) | 케레스<br>(데메테르) | 리베라<br>(페르세포네) | 유피테르<br>(제우스) | 유노<br>(헤라) | 미네르바<br>(아테나) |

## 신화이야기

### 개요

　리베르는 번식과 성장을 담당하는 고대 로마의 토속신으로 일찌감치 그리스 신화의 디오니소스와 동일시되었다. '자유로운'의 뜻을 지닌 리베르라는 이름은 '해방자', '속박에서 풀어주는 자'라는 뜻을 지닌 디오니소스의 별칭 '리아이오스'와 겹친다. 리베르는 대개 '리베르 파테르(Liber Pater)', 즉 자유로운 아버지라고 불리며 로마 신화의 주신(酒神) 바쿠스는 그의 별칭 중 하나다.

　리베르는 일반적으로 케레스, 리베라와 함께 숭배되었다. 케레스는 그리스 신화에서 대지와 풍요의 신으로 등장하는 데메테르에 해당하며, 리베르의 여성 짝인 리베라는 데메테르의 딸 페르세포네와 동일시된다. 평민 계급의 수호신으로 숭배되며 '아벤티노 언덕의 3신'으로 불린 리베르, 케레스, 리베라는 '카피톨리노 언덕의 3신'으로 불린 귀족 계급의 수호신 유피테르(제우스), 유노(헤라), 미네르바(아테나)'와 대비되었다.

　로마에서는 해마다 3월 17일에 이들 아벤티노 언덕의 3신에게 봉헌되는 축제가 열렸으며, 이때 성

**바쿠스 – 리베르 파테르**
기욤 루이예(Guillaume Rouille)의 『위인 전기 모음』에 수록된 삽화, 1553년

년이 된 로마의 젊은이들이 처음으로 '토가'(로마의 전통적인 남성 의상)를 걸치는 일종의 성인식이 거행되었다.

## 팔레르노 포도주의 유래

리베르가 어느 날 남부 이탈리아의 캄파니아 지방을 지나다가 마시코 산기슭에 사는 팔레르누스라는 가난한 농부의 집에 묵게 되었다. 팔레르누스는 자기 집을 찾아온 손님에게 정성껏 대접하였지만 너무 가난하여 음식이 변변치 않았고 포도주도 없었다. 그러자 리베르가 농부에게 포도주를 따라주었고 농부는 이를 마시고 이내 잠이 들었다. 다음날 아침 눈을 뜬 팔레르누스는 산기슭이 온통 포도나무로 뒤덮여 있는 것을 보게 되었다. 이때부터 이 지역에서 맛좋은 포도주가 생산되기 시작했는데, 이것이 로마인들이 귀하게 여기는 팔레르노산 포도주의 유래이다.

# 리베르타스 Libertas

요약

　로마 신화에서 자유 개념을 의인화한 여신으로 그리스 신화의 엘레우테리아와 동일시된다.

　뉴욕의 자유여신상이 리베르타스를 모델로 제작된 것이라고 한다.

## 기본정보

| 구분 | 개념이 의인화된 신 |
|---|---|
| 상징 | 자유, 해방, 기본권 |
| 외국어 표기 | 그리스어: ἐλευθερία |
| 어원 | 자유 |
| 그리스 신화 | 엘레우테리아(Eleutheria) |
| 관련 상징 | 홀, 모자, 횃불 |

## 신화이야기

### 리베르타스 여신 숭배

　로마는 2차 포에니 전쟁이 터지기 직전인 기원전 238년에 리베르타스에게 공식적으로 여신의 위상을 부여하고 숭배하기 시작했다. 로마는 이미 그 전부터 시민의 여러 덕목을 인격화하여 신으로 숭배해오고 있었다.

　로마의 호민관 티베리우스 그라쿠스는 기원전 2세기 무렵에 아벤티노 언덕에 리베르타스 여신의 신전을 건립하였고 100년 뒤에는 또 다른 호민관 클로디우스에 의해 팔라티노 언덕에도 리베르타스 신전이 세워졌다. 로마가 율리우스 카이사르의 통치 아래 있던 기원전 46년에 로마의 원로원은 카이사르의 동의를 얻어 리베르타스의 성지 조성을 결정하였지만 신전은 건립되지 못하고 로마광장에 작은 여신상이 세워지는데 그쳤다.

## 로마 시민의 권리

본래 리베르타스는 키비타스(시민권), 파밀리아(가족)와 함께 로마 시민이 되기 위한 세 가지 전제조건에 속한다. 전쟁 포로가 되거나 죄수가 되거나 해서 '자유'를 상실한 시민은 가장 큰 신분의 변화(Capitis deminutio maxima)를 겪어야 했다. 로마에서 자유를 상실한 시민은 노예가 되어 물건 취급을 당했다.

**리베르타스**
아르놀트 뵈클린(Arnold Bocklin), 1891년, 베를린 구 국립미술관

처음에 리베르타스는 화려하게 치장한 아름다운 여인의 모습으로 동전에 새겨졌다. 하지만 공화정 말기에 들어서 리베르타스의 모습은 손에 홀을 들고 자유 신분이 된 노예의 상징인 모자를 쓴 모습으로 표현되었다. 제정이 시작되면서 리베르타스의 위상은 개인적인 자유에서 국가적 자유를 상징하는 존재로 바뀌었다.

### 자유의 상징

리베르타스 여신은 오늘날까지도 자유의 상징으로 예술 작품 속에 그려지고 있으며 스위스와 미국 등 여러 나라의 동전에 등장한다. 미국 뉴욕에 세워져 있는 유명한 자유의 여신상도 리베르타스를 모델로 만들어진 것이다.

**자유의 여신상**
프레데리크 오귀스트 바르톨디(Frederic Auguste Bartholdi), 1884년, 뉴욕

# 리비에 Libya

요약

이집트의 왕 에파포스의 딸로, 현재 북아프리카에 있는 리비아의 이름난 조상이다.

바다의 신 포세이돈과 사이에 쌍둥이 아들 벨로스와 아게노르를 낳는다. 리비에는 이 쌍둥이 아들을 통해 그리스, 페르시아, 아프리카를 아우르는 많은 왕가의 시조들과 뛰어난 영웅들을 후손으로 두게 된다.

기본정보

| 구분 | 신화 속 여인 |
| --- | --- |
| 외국어 표기 | 그리스어: Λιβύη |
| 관련 지명 | 리비아 |
| 관련 신화 | 포세이돈, 벨로스, 아게노르, 에파포스 |

인물관계

이오의 아들 에파포스와 멤피스의 딸이다. 포세이돈과 사이에 벨로스와 아게노르를 낳는다.

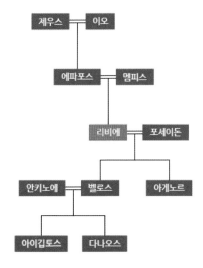

# 신화이야기

## 부모와 조상

리비에는 이집트의 왕 에파포스와 멤피스 사이에 태어난 딸로 현재 북아프리카에 있는 리비아는 그녀의 이름을 따서 지어진 것이다.

리비에의 아버지 에파포스는 대양의 신 오케아노스의 증손자로, 제우스의 사랑을 받았다는 이유로 암소로 변하는 등 헤라로부터 온갖 학대를 받은 이오가 낳은 아들이다. 모계 쪽을 보면 리비에의 어머니 멤피스도 대양의 신 오케아노스의 후손으로 나일 강의 신 네일로스의 딸이다. 이집트의 왕 에파포스는 도시를 세우고 도시의 이름을 아내의 이름을 따서 멤피스라 불렀다.

## 자식과 후손들

아폴로도로스의 『비블리오테케』에 의하면 리비에는 바다의 신 포세이돈과 사이에 쌍둥이 아들 벨로스와 아게노르를 낳는다. 그런데 아폴로도로스는 에우리피데스의 주장도 소개하고 있다. 에우리피데스에 의하면 에티오피아의 왕 케페우스와 그의 동생 피네우스가 리비에의 아들이라고 한다. 그리고 파우사니아스의 『그리스 안내』에 의하면 렐렉스 또한 리비에의 아들이라고 한다.

리비에의 쌍둥이 아들 중 아게노르는 페니키아의 왕이 되고 벨로스는 이집트의 왕위를 이어받아 아프리카와 아라비아를 다스린다. 리비에는 쌍둥이 아들 벨로스와 아게노르를 통해 여러 왕조의 조상들을 후손으로 두게 된다.

벨로스는 안키노에와 결혼하여 쌍둥이 아들 다나오스와 아이깁토스를 낳는다. 벨로스는 다나오스에게는 리비아를 아이깁토스에게는 아라비아를 물려준다. 다나오스는 오십 명의 딸을 낳고 아이깁토스는 오십 명의 아들을 낳는다. 아이깁토스는 이들을 서로 결혼시키자고 제안하지만 다나오스는 점점 세력을 넓혀가는 아이깁토스와 그의 아들들이 두려워 아르고스로 도망가 아르고스의 왕이 된다. 그러나 아이깁토스가 낳은 오십 명의 아들도 결혼을 하기 위해 다나오스의 뒤를 따라 아르고스로 온다. 결국 결혼식을 치를 수밖에 없는 상황에서 다나오스는 딸들에게 단검을 주면서 첫날밤 각자 신랑을 죽이라는 명령을 내린다. 이에 맏딸 히페름네스트라를 제외한 나머지 딸들이 신혼 첫날밤에 아버지의 명령대로 신랑을 살해한다. 그러나 히페름네스트라는 자신의 처녀성을 지켜준 린케우스를 사랑하게 되어 그가 탈출하는 것을 도와주고, 다나오스는 결국 린케우스를 사위로 인정하지만 형제를 모두 잃은 린케우스는 복수의 일념으로 다나오스를 죽이고 아르고스의 왕이 된다.

아내 히페름네스트라를 제외한 다나오스의 나머지 딸들을 모두 죽인 이러한 끔찍한 상황 속에서도 벨로스의 손자와 손녀인 린케우스와 히페름네스트라 사이에 사랑의 결실 아바스가 태어난다. 황금비로 변신한 제우스의 사랑을 받은 다나에가 바로 아바스의 손녀이고, 메두사의 목을 벤 영웅 페르세우스가 다나에의 아들로 바로 아바스의 증손자이다. 그리고 그 유명한 영웅 헤라클레스가 페르세우스의 증손자이다.

리비에의 또 다른 쌍둥이 아들 아게노르 또한 페니키아의 영웅으로 알려져 있으며 그의 아들 중 하나가 테바이를 건설한 카드모스이다.

이와 같이 리비에는 쌍둥이 아들 벨로스와 아게노르를 통해 그리스, 페르시아, 아프리카를 아우르는 많은 왕가의 시조들과 불세출의 뛰어난 영웅들을 후손으로 두었다.

# 리카온 Lykaon

요약

그리스 신화에 나오는 아르카디아의 왕이다.

제우스와 관계하여 아르카디아의 시조 아르카스를 낳은 님페 칼리스토의 아버지이다. 사람을 죽여 그 고기를 제우스에게 제물로 바쳤다가 벌을 받아 늑대로 변했다.

기본정보

| 구분 | 아르카디아 왕 |
|------|------|
| 외국어 표기 | 그리스어: Λυκάων |
| 어원 | 늑대 |
| 가족관계 | 칼리스토의 아버지, 펠라스고스의 아들 |

인물관계

리카온은 펠라스고이족의 시조 펠라스고스가 오케아노스의 딸 멜리보이아와 관계하여 낳은 아들이다. 그는 여러 명의 아내에게서 오십 명의 아들과 딸 칼리스토를 낳았는데, 칼리스토는 제우스와 관계하여 아르카디아인들의 시조 아르카스를 낳았다.

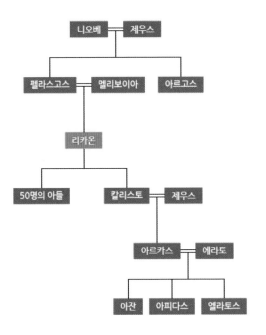

## 신화이야기

### 개요

리카온은 아르카디아가 아직 아르카디아라는 지명을 얻기 이전 시기에 그 지역에 리코수라라는 최초의 도시를 건설하고 제우스 신전을 세운 전설적인 왕이다. 리카이온 산에 있는 이 제우스 신전에서는 인신 공양이 이루어졌으며 심지어 식인의 풍습도 있었던 것 같다. 플라톤에 따르면 역사시대까지도 이곳에는 사람을 제물로 바치는 의식이 행해졌다고 한다.

### 리카온의 아들들

아르카디아 지역에 전해지는 신화에 따르면 리카온은 아르카디아에 최초로 정착한 인물인 펠라스고스가 오케아노스의 딸인 님페 멜리보이아와 결혼하여 낳은 아들이다.

아버지에 뒤이어 이 지역의 통치자가 된 리카온은 여러 명의 아내들에게서 오십 명의 아들을 낳았는데 그들은 모두 아르카디아 지역의 도시들을 의인화한 것으로 보인다. 그런데 이 아들들이 너무나 극악무도하여 제우스는 막내아들 니크티모스 한 명만 남기고 모두 벼락으로 없애 버렸다고 한다. 심지어 제우스가 타락한 인간 종족을 모두 쓸어버리려고 일으킨 데우칼리온의 대홍수 이야기에도 이들의 악덕이 거론되었다.

### 늑대로 변한 리카온

리카온에 관한 신화는 전하는 이에 따라 여러 가지 이야기가 있다. 공통적인 점은 그가 아들들과 함께 제우스 신에게 사람 고기를 제물로 바쳤는데, 그 이유가 제우스의 권능을 시험해 보려는 불경스러운 태도에 있었다는 것이다. 제물로 바쳐진 사람은 어린아이라고도 하고 죄수나 전쟁 포로라

**늑대로 변하는 리카온**
헨드리크 골치우스(Hendrik Goltzius), 1589년
오비디우스 『변신이야기』의 삽화

고도 한다. 가장 극적인 이야기는 리카온이 딸 칼리스토가 낳은 외손자 아르카스를 죽여서 조각조각 잘라 제우스에게 음식으로 내놓았다는 이야기이다.

아무튼 이런 짓을 저지른 벌로 제우스는 벼락을 내려 그의 집안과 자식들을 모조리 태워 버리고 리카온은 늑대로 만들어 버렸다. 그 뒤로 아르카디아의 제우스 신전에서는 인간 제물이 바쳐질 때마다 그 고기를 먹은 사람이 늑대로 변했으며 다시 인간의 모습으로 돌아오려

면 8년 동안 사람 고기를 먹지 말아야 했다고 한다.

또 다른 리카온

호메로스의 『일리아스』에는 트로이의 왕 프리아모스와 첩 라오토 사이에서 난 아들 리카온이 등장한다. 그는 전차에 쓸 나무를 베다가 아킬레우스에게 잡혀 렘노스 섬에 노예로 팔려간 후 프리아모스의 친구 에에티온이 막대한 몸값을 지불해 준 덕분에 간신히 다시 트로이로 돌아올 수 있었다. 하지만 그는 12일 뒤에 싸움터에서 다시 아킬레우스와 마주쳤고 몸값을 지불할테니 살려달라는 간청도 소용없이 아킬레우스에게 죽임을 당한 뒤 스카만드로스 강물 속에 던져졌다.

**제우스와 리카온**
얀 코시에르(Jan Cossiers), 17세기, 프라도 미술관

## 신화해설

리카온은 아르카디아 땅에 처음으로 정착한 펠라스고이족의 후손이다. 펠라스고이족은 아직 농경문화가 발달하기 전 사냥과 채집 생활을 하던 선사시대 부족이다.

리카온의 신화는 이 부족이 아르카디아 전역에 흩어져 정착하고 인신 공양과 식인의 야만적인 풍습이 올림포스 신앙에 접목되어 문명화되어 가는 과정을 보여주고 있다.

리카온 신화는 늑대인간 전설의 기원이기도 하다. 늑대인간과 뱀파이어의 대결과 사랑을 주제로 한 영화 『언더월드』에서 늑대인간 종족의 명칭인 '라이칸(Lycan)'은 리카온과 같은 어원에서 나온 말이다.

# 리코 Lyco

## 요약

그리스 신화에 등장하는 라코니아의 왕 디온의 세 딸 중 하나이다.
리코는 신들을 정성껏 섬긴 아버지 디온왕 덕에 다른 두 자매 오르
페, 카리아와 함께 아폴론으로부터 예언 능력을 받았지만 디오니소스
와 카리아의 사랑을 방해하려다 바위로 변했다.

## 기본정보

| 구분 | 공주 |
|------|------|
| 상징 | 불경, 독신(瀆神) |
| 외국어 표기 | 그리스어: Λυκώ |
| 관련 상징 | 바위, 호두나무 |

## 인물관계

라코니아의 왕 디온은 프로낙스의 딸 암피테아(또는 이피테아)와 결
혼하여 세 딸 오르페, 리코, 카리아를 낳았다. 카리아는 디오니소스의
사랑을 받았다.

## 신화이야기

### 아폴론의 선물

라코니아의 왕 디온은 그 지방을 여행하다 그의 궁에 들른 아폴론을 융숭하게 대접하였다. 아폴론은 보답으로 그의 세 딸 오르페, 리코, 카리아 자매에게 예언 능력을 주었다. 단 절대로 신들을 속이는 일이 없어야 하며 금지된 것을 알아내려 해서도 안 된다는 경고와 함께였다.

### 디오니소스와 카리아

디온은 또 디오니소스가 라코니아를 방문했을 때도 아폴론에게 그랬던 것처럼 정성껏 대접하였다. 디오니소스는 디온의 궁에 머무는 동안 디온의 딸 카리아와 서로 사랑하게 되었다.

디오니소스는 때가 되어 디온의 궁을 떠나야 했지만 사랑하는 카리아가 보고 싶어 곧 다시 돌아와서는 디온이 자신을 위해 세워준 신전을 보기 위해서 왔노라고 둘러댔다. 하지만 리코와 오르페가 카리아와 디오니소스의 관계를 의심하여 둘을 염탐하며 밀애를 방해하였다. 디오니소스는 아폴론의 경고를 상기시키며 여러 차례 주의를 주었지만 소용이 없었다. 화가 난 디오니소스는 리코와 오르페를 미치게 만들어 타이게토스 산 절벽에서 뛰어내리게 하였다. 절벽에서 떨어진 리코와 오르페는 바위로 변했고 카리아는 딱딱한 견과(堅果)가 열리는 호두나무로 변하였다.

# 리코스 Lycus, 왕자

## 요약

테바이의 섭정왕 리코스와 디르케 사이에 태어난 아들로 아버지와 이름이 같다. 부모가 안티오페의 두 아들에 의해 살해당하자 테바이에서 도망 가 피신을 한다. 후에 테바이의 통치자 크레온을 죽이고 테바이를 장악한다.

크레온의 딸 메가라는 헤라클레스의 아내인데, 리코스가 메가라와 자식들까지 죽이려 하지만 헤라클레스가 돌아와 그를 죽인다.

## 기본정보

| 구분 | 왕자 |
|---|---|
| 외국어 표기 | 그리스어: Λύκος |
| 관련 신화 | 안티오페, 리코스(아버지), 디르케, 크레온, 헤라클레스, 암피트리온 |

## 인물관계

'스파르토이' 즉 '씨 뿌려 나온 자들' 중에 한 명인 크토니오스의 아들 리코스의 아들이다. 어머니는 디르케이며, 안티오페와는 사촌지간이다.

크토니오스

닉테우스 | 리코스 1세 — 디르케

닉테이스 — 폴리도로스 | 안티오페 — 제우스 | 리코스 2세

라브다코스 | 하이몬 | 암피온 | 제토스

라이오스 — 에피카스테 (이오카스테)

오이디푸스

신화이야기

### 리코스의 부모

리코스의 아버지는 리코스와 같은 이름을 가졌는데 아버지 리코스는 '스파르토이' 즉 '씨 뿌려 나온 자들' 중 한 사람인 크토니오스의 아들이다. 스파르토이란 테바이의 건설자 카드모스가 용을 죽이게 되는데 이 용의 이빨에서 나온 무장한 병사들을 지칭하는 말이다. 이들은 자기네들끼리 싸우다 다섯 명만이 살아남는다. 이 다섯 명은 카드모스를 도와 테바이를 건설하고 테바이 귀족들의 조상이 된다.

아버지 리코스에게는 닉테우스라는 이름을 가진 형제가 하나 있다. 이 두 형제는 보이오티아 지방에 살았는데 『비블리오테케』에 의하면 이들은 보이오티아 지방에 있는 오르코메노스 시의 왕 플레기아스를 죽여 추방된다. 이들은 마지막 정착지로 테바이에 자리를 잡는데, 이

두 사람은 당시 테바이의 왕 펜테우스의 호의와 후원으로 테바이의 시민이 되고 나중에는 테바이의 섭정이 된다.

젊은 나이에 죽은 펜테우스에 이어 테바이의 왕이 된 폴리도로스는 카드모스의 아들이자 펜테우스의 외삼촌인데, 그는 리코스의 형제 닉테우스의 딸 닉테이스와 결혼한다. 폴리도로스는 닉테이스와 사이에 아들 라브다코스를 낳는데 폴리도로스 또한 젊은 나이에 죽는다. 그리하여 닉테우스가 어린 외손자 라브다코스를 대신하여 테바이를 섭정하고 닉테우스가 죽은 후에는 리코스가 통치권을 행사하게 된다. 그런데 『비블리오테케』에 의하면 라브다코스 역시 젊은 나이에 죽어 그때 그의 아들 라이오스의 나이가 겨우 한 살이었다고 한다. 이번에도 리코스가 라이오스 대신에 테바이를 섭정하게 된다.

아버지 리코스에게는 아름다운 미모로 그리스 전역에서 명성이 자자한 안티오페라는 조카가 있었다. 안티오페는 뛰어난 미모 때문에 제우스의 눈에 들어 그의 쌍둥이 아들을 낳는데 리코스는 그녀의 두 아들을 산 속에 버린다. 그리고 리코스와 디르케는 안티오페를 감금한 채 온갖 학대를 한다.

리코스가 라이오스 대신 테바이를 다스리고 있는 동안 안티오페의 장성한 두 아들은 힘을 키워 리코스를 공격한다. 『비블리오테케』에 의하면 안티오페의 두 아들은 어머니를 학대한 리코스와 디르케에게 복수를 했다고 한다. 안티오페의 두 아들은 리코스를 죽이고 디르케는 황소에 매달아 죽인 후 그 시신을 샘에 던져버린다.

### 아들 리코스

아버지 리코스와 어머니 디르케가 안티오페의 두 아들에게 참혹하게 살해당하자 아들 리코스는 테바이를 빠져 나와 도망을 간다. 리코스는 오랫동안 망명 생활을 하다 테바이로 다시 돌아가 당시 테바이의 통치자인 크레온을 죽이고 테바이의 통치권을 장악한다. 에우리피데스는 『헤라클레스』에서 헤라클레스를 길러준 아버지 암피트리온의 말을 통해 이러한 상황에 대해 설명하고 있다.

> "카드모스의 백성들 사이에 전부터 전해 내려오는 이야기가 하나 있있있소이다. 이는 제우스의 아드님들인 백마의 암피온과 제토스가 이 나라를 다스리기 전에 디르케의 남편 리코스가 일곱 성문이 있는 이 나라를 다스렸다는 것이오. 이름이 아비와 같은 리코스의 아들은 카드모스의 후손이 아니고 에우보이아 섬 출신이오. 그런데도 크레온을 죽여 이 나라의 왕이 되었소. 그는 이 나라가 파벌 싸움에 물들어 있을 때 이 나라를 침략한 것이오."

크레온의 딸 메가라는 헤라클레스의 아내인데 당시 헤라클레스는 12과업 중 마지막 과업을 완수하기 위해 가족들을 떠나 있었다. 그 과업은 하데스의 지하세계를 지키는 개 케르베로스를 데려오는 것이었는데, 에우리피데스에 의하면 헤라클레스는 테세우스를 지하세계로부터 데려오기 위해 너무 오랜 시간 동안 그곳에 머물렀다고 한다. 이에 리코스는 헤라클레스가 죽었을 것이라 생각하고 헤라클레스의 아내 메가라와 그의 자식들 그리고 늙은 양부까지도 죽이려 한다. 그 위험스러운 상황도 암피트리온의 대사를 통해 드러난다.

> "그런데 우리가 크레온과 사돈을 맺은 것이 우리에게는 엄청난 재앙이 될 것 같소. 나의 아들이 지하세계 깊은 곳에 있는 동안 이 나라의 새로운 지배자가 된 리코스가 헤라클레스의 자식들을 죽이려 하오. 그 자는 유혈사태를 유혈사태로 막을 수 있다고 믿는 것 같소. 그래서 그 자는 그 애의 처와 나를 죽이려 하오. 언젠가 아이들이 어른이 되어 외가 식구들의 죽음에 대해 복수를 할까 두려워하기 때문이오."

헤라클레스의 아내와 자식들 그리고 암피트리온이 리코스에 의해 죽음을 당하려는 바로 그 순간 헤라클레스가 돌아오고 리코스는 분노한 헤라클레스에 의해 죽는다.

### 또 다른 리코스

전설 속에는 리코스라는 인물이 여러 명 존재한다. 그 중 몇몇 예를 들면 다음과 같은 사람들이 있다.

1) 아틀라스의 딸 플레이오네와 포세이돈 사이에 태어난 아들도 리코스이다.

2) 본문에서 다루고 있는 리코스의 아버지도 리코스이다.

3) 아테네 왕 판디온의 아들 중에도 리코스가 있는데 그는 아테네의 왕 아이게우스와 형제 사이이다.

# 리코스 Lycus, 테바이의 왕

요약

닉테우스의 동생이자 안티오페의 숙부이다.

형 닉테우스가 어린 나이에 테바이의 왕위를 이어받은 외손자 라브다코스를 대신하여 테바이를 섭정하다가 죽자 리코스가 섭정을 한다. 리코스는 아내 디르케와 함께 질녀 안티오페를 학대하는데 후에 안티오페의 두 아들에 의해 아내와 함께 살해당한다.

기본정보

| 구분 | 테바이의 왕 |
|---|---|
| 외국어 표기 | 그리스어: Λύκος |
| 관련 신화 | 안티오페, 닉테우스, 디르케, 암피온, 제토스 |
| 가족관계 | 크토니오스의 아들, 디르케의 남편, 닉테우스의 형제 |

인물관계

크토니오스의 아들이다.

닉테우스와 형제 사이로 안티오페의 숙부가 된다. 디르케와 결혼하여 아들을 낳는데 아들의 이름도 리코스이다.

## 신화이야기

### 리코스와 닉테우스

리코스는 '스파르토이' 즉 '씨 뿌려 나온 자들' 중 한 사람인 크토니오스의 아들이다. 스파르토이란 테바이의 건설자 카드모스가 용을 죽이게 되는데 이 용의 이빨에서 나온 무장한 병사들을 지칭하는 말이다. 이들은 자기네들끼리 싸우다 다섯 명만이 살아남는다. 이 다섯 명은 카드모스를 도와 테바이를 건설하고 테바이 귀족들의 조상이 된다.

리코스에게는 닉테우스라는 이름을 가진 형제가 있다. 이 두 형제는 보이오티아 지방에 살았는데 『비블리오테케』에 의하면 이들은 보이오티아 지방에 있는 오르코메노스 시의 왕 플레기아스를 죽여 추방된다. 이들은 마지막 정착지로 테바이에서 자리를 잡는데 이 두 사람은 당시 테바이의 왕 펜테우스의 호의와 후원으로 테바이의 시민이 된다.

그런데『비블리오테케』는 리코스의 출생에 대해 위에서 언급한 내용과는 다른 출생 이야기를 전하고 있다. 리코스와 그의 형 닉테우스가 알키오네의 아들 히리에우스의 아들이라고 한다.

### 리코스 형제의 섭정

테바이의 왕 펜테우스는 테바이를 건설한 카드모스의 외손자인데 그는 디오니소스의 분노로 젊은 나이에 처참하게 최후를 맞는다.

펜테우스에 이어 테바이의 왕이 된 폴리도로스는 카드모스의 아들이자 펜테우스의 외삼촌인데 그는 리코스의 형제 닉테우스의 딸 닉테이스와 결혼한다. 폴리도로스는 닉테이스와 사이에 아들 라브다코스를 낳는데 폴리도로스 또한 젊은 나이에 죽는다. 그리하여 닉테우스가 어린 외손자 라브다코스를 대신하여 테바이를 섭정하고 닉테우스가 죽은 후에는 리코스가 통치권을 행사하게 된다. 그런데『비블리오테케』에 의하면 라브다코스 역시 젊은 나이에 죽어 그때 아들 라이오스의 나이가 겨우 한 살이었다고 한다. 이번에도 리코스가 라이오스 대신에 테바이를 섭정하게 된다.('닉테우스' 참조)

### 리코스와 안티오페

리코스의 형 닉테우스는 닉테이스 외에 안티오페라는 딸이 있는데 안티오페는 아름다운 미모로 그리스 전역에서 명성이 자자했다고 한다. 안티오페는 뛰어난 미모 때문에 제우스의 눈에 들게 된다.

제우스가 안티오페에게 접근해 관계를 맺었고 안티오페는 임신을 한다. 이에 아버지의 분노가 두려운 안티오페는 시키온으로 도망가 에포페우스왕과 결혼한다.『비블리오테케』에 의하면 닉테우스는 딸에 대한 수치심과 절망감 때문에 자살을 했다고 한다.

닉테우스는 죽어가면서 동생인 리코스에게 안티오페와 에포페우스를 응징해달라는 유언을 남긴다. 리코스는 닉테우스의 유언대로 시키온을 침공하여 에포페우스를 죽이고 안티오페를 포로로 잡아 테바이로 끌고 간다. 안티오페는 끌려가는 도중에 키타이론 산에서 쌍둥이 아들 암피온과 제토스를 낳는데 리코스는 그녀의 두 아들을 산 속에 버린다. 버려진 아이들은 양치기들에게 발견되어 양육된다.

테바이로 끌려온 안티오페는 리코스와 그의 아내 디르케에 의해 감금당한 채 온갖 학대를 받는다. 그러던 어느 날 안티오페는 탈출에 성공한다. 『비블리오테케』에 의하면 안티오페를 묶었던 사슬이 저절로 풀렸다고 한다. 안티오페는 키타이론 산으로 가서 암피온과 제토스를 찾고 두 아들은 그녀가 어머니임을 알게 된다.

## 리코스의 몰락

리코스가 라이오스 대신에 테바이를 다스리는 동안 안티오페의 장성한 두 아들은 힘을 키워 리코스를 공격한다. 리코스는 안티오페의 두 아들에게 제압을 당하고 그들에게 왕위를 물려준다. 그런데 리코스의 죽음에 대해서는 서로 다른 이야기들이 전해진다.

『비블리오테케』에 의하면 안티오페의 두 아들은 어머니를 학대한 리코스와 그의 아내 디르케에게 복수를 했다고 한다. 안티오페의 두 아들은 리코스를 죽이고 그의 아내 디르케를 황소에 매달아 죽인 후 그 시신을 샘에 던져버린다.

히기누스는 『신화집』에서 에우리피데스가 쓴 『안티오페』를 소개하고 있는데, 지금은 전해지지 않는 이 작품은 리코스의 죽음에 관해 앞에서 언급한 내용과는 다른 내용을 전하고 있다.

자신들을 길러준 양치기로부터 뒤늦게 모든 상황을 알게 된 안티오페의 두 아들들은 디르케에 의해 죽기 직전에 있는 어머니를 구해낸다. 그리고는 앞에서 언급한 바와 같이 끔찍하게 디르케를 죽인다. 그런데 그들이 리코스도 막 죽이려는 순간 헤르메스가 나타나 그들을 저지한다. 그리고는 리코스에게 암피온에게 나라를 넘겨줄 것을 명한다. 이렇게 해서 리코스는 죽음을 모면하게 된다.

그러나 파우사니우스가 전하는 이야기에 의하면 안티오페는 원래 리코스의 아내였다고 한다. 그런데 에파페우스가 계략을 꾸며 그녀를 범하고 이에 안티오페는 리코스에게 쫓겨났다고 한다. 이렇게 해서 제우스는 쫓겨난 안티오페와 사랑을 나눈 것이다.

### 또 다른 리코스

전설 속에는 리코스라는 인물이 여러 명 존재한다. 그 중 몇몇 예를 들면 다음과 같은 사람들이 있다.

1) 아틀라스의 딸 플레이오네와 포세이돈 사이에 태어난 아들도 리코스이다.

2) 리코스와 디르케 사이에 태어난 아들의 이름도 리코스이다.

3) 아테네 왕 판디온의 아들 중에도 리코스가 있는데 그는 아테네의 왕 아이게우스와 형제 사이이다.

# 리코스 Lycus, 판디온왕의 아들

## 요약

고대 아테네에서 에리크토니오스 왕조에 속하는 두 번째 판디온왕의 아들 중 한 명이다.

리코스는 아테네의 왕 아이게우스의 동생으로 아이게우스에 의해 아테네에서 추방되어 아시아의 밀리아스 지방으로 가서 정착한다. 그 지방의 사람들은 리코스의 이름을 따서 리키아인으로 불린다.

## 기본정보

| 구분 | 왕자 |
|---|---|
| 외국어 표기 | 그리스어: Πανδίων |
| 관련 신화 | 아이게우스, 니소스, 테세우스, 판디온 |

## 인물관계

아테네 왕 판디온과 메가라의 왕 필라스의 딸 필리아 사이에 태어난 아들이다.

아이게우스, 니코스, 팔라스와 형제이다.

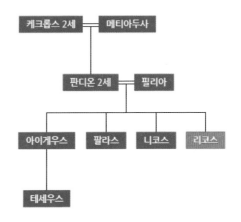

## 신화이야기

### 리코스의 아버지 판디온 2세

리코스는 고대 아테네에서 에리크토니오스 왕조에 속하는 두 번째 판디온왕의 아들이다. 『비블리오테케』에 의하면 판디온 2세는 사촌들 즉 숙부 메티온의 아들들에 의해 왕위에서 쫓겨나고 아테네에서 추방이 된다. 판디온 2세는 메가라의 왕 필라스에게 가 피신하고 필라스왕은 그를 딸 필리아와 결혼시킨다. 그런데 필라스왕이 자신의 숙부를 살해하게 되어 메가라를 떠나야 하는 상황이 온다. 이에 판디온 2세가 필라스로부터 메가라 왕위를 물려받고 메가라의 왕이 된다.

판디온과 필리아 사이에는 아이게우스, 팔라스, 니소스, 리코스 이렇게 네 명의 아들이 태어난다. 판디온 2세가 죽은 후 메가라의 왕위는 니소스가 물려받는다.

### 리코스의 형 아이게우스

리코스의 형 아이게우스는 판디온 2세의 장남이다. 아버지 판디온이 죽은 후 메가라의 왕위를 니소스가 이어받자 아이게우스는 다른 동생들과 함께 아테네로 돌아가서 아버지의 왕위를 빼앗은 메티온의 아들들을 쫓아낸다. 그러나 왕권을 분할하기로 한 처음의 약속을 저버리고 아이게우스는 니소스와 팔라스 두 동생을 추방하고 아테네의 왕이 되어 전권을 행사한다.

아이게우스의 아들이 바로 아테네의 영웅 테세우스이다.('테세우스' 참조)

### 리코스와 리키아인

형 아이게우스로부터 추방당한 리코스는 아시아에 있는 밀리아스 지방으로 가서 정착하는데 이에 대해 헤로토토스의 『역사』에 다음과 같이 전한다.

당시 밀리아스 지방은 사르페돈이 통치하고 있었다. 사르페돈은 크레타의 왕 미노스와 형제인데 크레타의 왕권을 두고 싸우다 미노스에게 패배하여 추방당하여 그곳으로 오게 된 것이다. 뒤이어 리코스도 밀리아스 지방에 정착하면서 그 지방의 사람들은 리코스의 이름을 따서 리키아인으로 불리게 된다.

그런데 헤로도토스는 리키아인들이 가지고 있는 독특한 관습에 관해 언급하고 있다. 리키아 사람들은 그때까지도 모권이 발달한 모계사회를 그대로 유지한 듯하다. 그 지방에서는 성을 물으면 어머니의 성을 말하고 가문을 물으면 어머니의 이름과 어머니쪽 할머니의 이름을 말했다고 한다. 그리고 여자 시민이 노예와의 사이에서 자식을 낳으면 그 자식들은 자유민이지만 남자 시민이 이방인 아내나 첩 사이에서 자식을 낳으면 그 자식은 시민으로 인정이 되지 않았다고 전한다.

그런데 파우사니아스의 『그리스 안내』에 의하면 리코스는 사제이자 예언자라고 전하고 있다. 리코스는 아테네에서 쫓겨나 안디니아에서 대지의 여신 데메테르와 여신의 딸 페르세포네를 숭배하는 의식을 전했다고 한다.

## 또 다른 리코스들

전설 속에는 리코스라는 인물이 여러 명 존재한다. 그 중 몇몇 예를 들면 다음과 같은 사람들이 있다.

1) 아틀라스의 딸 플레이오네와 포세이돈 사이에 태어난 아들도 리코스이다.

2) 닉테우스의 동생으로 안티오페의 숙부 리코스가 있다.

3) 리코스와 디르케 사이에 태어난 아들의 이름도 리코스이다.

# 리쿠르고스 Lycurgus

## 요약

그리스 신화에 등장하는 트라키아의 왕이다.

디오니소스를 박해하였다가 광기에 빠져(혹은 포도주에 취하여) 자기 아들을 포도나무로 알고 도끼로 찍어 죽이게 된다.

## 기본정보

| 구분 | 트라키아의 왕 |
|------|------|
| 상징 | 신성모독 |
| 외국어 표기 | 그리스어: Λυκοῦργος |
| 관련 신화 | 디오니소스 숭배 |

## 인물관계

트라키아의 왕 리쿠르고스는 드리아스의 아들이라고 하며 아들의 이름도 드리아스이다. 그 외에는 가계에 관해 알려진 바가 없다.

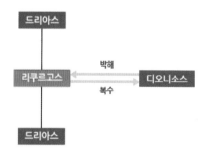

# 신화이야기

## 디오니소스를 박해하는 리쿠르고스

제우스가 카드모스의 딸 세멜레와 정을 통하여 얻은 아들 디오니소스는 세상에 태어나기 전부터 제우스의 아내 헤라의 박해를 받았다. 디오니소스를 임신한 세멜레는 헤라의 꼬임에 빠져 제우스에게 본모습을 보여 달라고 했다가 번개의 신인 그의 몸에서 뿜어져 나오는 강력한 빛을 견디지 못하고 불타 죽었다. 그러자 제우스는 재빨리 세멜레의 몸에서 디오니소스를 꺼내 자기 넓적다리 속에 넣었고 디오니소스는 그렇게 아버지의 넓적다리 안에서 남은 산달을 채우고 세상에 나오게 된다.

제우스는 어린 디오니소스를 헤라의 눈을 피해 여자아이로 꾸민 뒤 세멜레의 자매인 이노와 그녀의 남편 아타마스왕에게 맡겨 기르게 하였다. 하지만 헤라는 속지 않고 이노와 아타마스를 실성하게 만들었다. 그러자 제우스는 디오니소스를 그리스에서 멀리 떨어진 니사 산으로 데려가서 그곳의 님페들에게 기르게 하였다. 디오니소스라는 이름은 '니사의 제우스'라는 뜻이다.

하지만 이번에는 그곳의 왕 리쿠르고스가 디오니소스를 박해하였다. 그는 어린 디오니소스와 그의 유모들을 채찍을 휘두르며 자기 나라에서 쫓아냈다. 디오니소스는 깜짝 놀라 바다로 뛰어들었지만 바다의 여신 테티스가 구해주는 바람에 목숨을 건질 수 있었다.

하지만 또 다른 이야기에 따르면 디오니소스와 리쿠르고스의 만남은 디오니소스가 성인이 된 뒤에 이루어진 일이라고도 한다. 성인이 된 디오니소스가 헤라에 의해 실성하여 이집트와 시리아 등지를 떠돌다가 프리기아에서 키벨레 여신의 도움으로 광기에서 벗어나게 된다. 그 후 디오니소스는 인도로 가기 위해 자신을 따르는 무리들 바카이, 사티로스 등과 함께 트라키아를 지나려 했지만 리쿠르고스왕이 이를 허락하지 않았으며 심지어 바카이들을 감옥에 가두기까지 했다. 디오니소스 자신은 리쿠르고스의 박해를 피해 테티스 여신에게로 피신하였다.

### 디오니소스의 복수

디오니소스의 복수는 포도주를 통해 이루어졌다. 트라키아로 다시 돌아온 디오니소스는 리쿠르고스에게 포도주를 먹여 취하게 했다. 술에 취한 리쿠르고스는 자기 어머니도 몰라보고 욕보이려 했다. 제정신이 들어 자기 행동을 알게 된 리쿠르고스는 다시는 그런 수치스런 짓을 하지 않도록 포도나무를 도끼로 찍어내려 했다. 하지만 그가 포도나무로 알고 도끼로 찍은 것은 그의 아들 드리아스였다.

**광기에 사로잡혀 아내를 공격하는 리쿠르고스**
아풀리아 적색 도기, 기원전 350~340년, 영국 박물관
©Marie-Lan Nguyen@Wikimedia(CC BY-SA)

그 일이 있고 나서 트라키아에는 기근이 들어 풀 한 포기 나지 않게 되었다. 신탁은 트라키아가 다시 비옥한 땅이 되려면 리쿠르고스의 사지를 찢어 대지에 뿌려야 한다고 말했다. 이에 사람들은 리쿠르고스를 붙잡아 판가이온 산으로 끌고 가서 사지를 찢어 죽였다.

리쿠르고스의 최후에 대해서는 다른 이야기들도 전해진다. 그에 따르면 리쿠르고스는 디오니소스에 의해 광기에 사로잡혀 아내와 아들을 죽인 뒤 스스로 목숨을 끊었다고도 하고, 디오니소스가 그를 표범이 우글거리는 로도페 산으로 데려가 야수들의 먹이로 삼았다고도 한다.

### 또 다른 리쿠르고스

그리스 신화에서 리쿠르고스라는 이름으로 등장하는 또 다른 인물로는 아르카디아의 왕 리쿠르고스와 네메아의 왕 리쿠르고스가 있다.

아르카디아의 왕 리쿠르고스는 아르카스의 후손으로 알레오스와 네아이라 사이에서 난 아들이다. 그는 형제 케페우스와 암피다마스가 아르고호 원정을 떠나자 아르카디아에 남아 아버지를 대신하여 나라를 다스리다 아버지가 죽자 왕위에 올랐다. 하지만 리쿠르고스의 아들 안카이오스가 칼리돈의 멧돼지 사냥 때 죽었기 때문에 그의 뒤를 이은 것은 형 케페우스의 아들이자 그의 조카인 에케모스였다. 최초의 여성 영웅 아탈란테는 리쿠르고스의 손녀라고 한다.

네메아의 왕 리쿠르고스는 테바이 7장군의 이야기와 관련하여 신화에 등장한다. 리쿠르고스는 에우리디케와 결혼하여 아들 에펠테스를 낳았다. 그때 마침 네메아에는 자기 나라에서 추방된 렘노스의 여왕 힙시필레가 몸을 의탁하고 있었다. 리쿠르고스는 힙시필레에게 아들을 맡겨 기르게 하였다. 그런데 어느 날 테바이를 공격하러 가던 7장군 일행이 네메아를 지나는 길에 힙시필레에게 마실 물을 부탁했고 그녀가 일행을 샘물로 안내하느라 자리를 비운 사이에 오펠테스가 커다란 뱀에게 물려 죽고 말았다. 아들의 죽음에 화가 난 리쿠르고스왕과 그의 아내 에우리디케가 힙시필레를 처형하려 했지만 7장군의 한 명인 암피아라오스의 변호로 그녀는 목숨을 구할 수 있었다.

# 린케우스 Lynceus, 아르고스의 왕

요약

그리스 신화에 나오는 아르고스의 왕이다.

아이깁토스의 아들 린케우스는 다나오스의 딸들(다나이데스)과 결혼한 오십 명의 형제들 중 유일하게 첫날밤에 목숨을 부지하고 나중에 아르고스의 왕위에 올랐다.

기본정보

| 구분 | 아르고스의 왕 |
|---|---|
| 외국어 표기 | 그리스어: Λυγκεύς |
| 관련 축제 | 리르케이아 언덕의 횃불 축제 |
| 관련 신화 | 다나이데스, 다나오스의 딸 50인의 첫날밤 신랑 살해 |
| 가족관계 | 아이깁토스의 아들, 히페름네스트라의 남편, 아바스의 아버지 |

인물관계

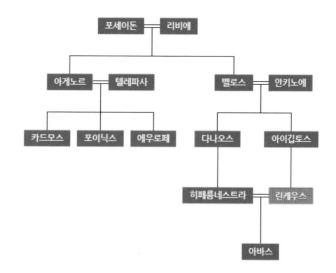

린케우스의 아버지 아이깁토스는 벨로스와 안키노에 사이에서 난 아들로 다나오스와 형제지간이다. 린케우스는 사촌 누이 히페름네스트라와 결혼하여 아들 아바스를 낳았다.

## 신화이야기

### 죽음의 결혼식

린케우스의 아버지 아이깁토스는 벨로스가 나일 강 하신의 딸 안키노에와 결혼하여 낳은 아들로 다나오스와 형제지간이다. 아프리카에서 드넓은 왕국을 다스리던 벨로스는 아이깁토스에게 아라비아를 다스리게 하고 다나오스에게는 리비아를 다스리게 하였다. 그런데 아이깁토스가 멜람포데스를 정복하고 자신의 이름을 따서 이집트로 명명한 뒤 다나오스에게 자신의 아들 오십 명과 다나오스의 딸들 오십 명을 결혼시키자고 제안하였다. 이에 위협을 느낀 다나오스는 선조들의 고향 그리스로 건너가 아르고스의 왕이 되었다.

하지만 아이깁토스의 아들들이 아르고스까지 찾아와 계속해서 결혼을 요구하였다. 다나오스는 하는 수 없이 이를 수락하고는 딸들에게 단검을 하나씩 주고 결혼 첫날밤에 신랑의 목을 베도록 지시하였다.

### 유일하게 목숨을 구한 린케우스

다나오스의 딸들은 모두 첫날밤에 아버지가 시킨대로 신랑의 목을 베었다. 그러나 단 한 명 히페름네스트라만 그렇게 하지 않았다. 다나오스의 맏딸 히페름네스트라와 첫날밤을 치르기로 정해진 아이깁토스의 아들은 린케우스였다. 히페름네스트라는 린케우스가 자신의 처녀성을 존중해 준 것을 고맙게 여겨 그를 죽이지 않았던 것이다.

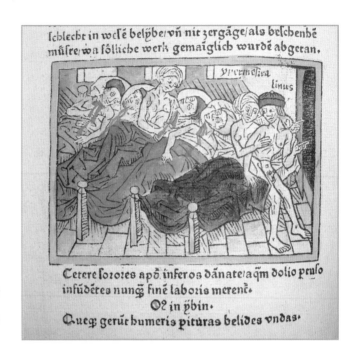

**린케우스와 다나이데스**
목판화 삽화 중 하나, 1473년경

구사일생으로 목숨을 구한 린케우스는 아르고스 근처 언덕으로 피신해서 히페름네스트라의 연락을 기다렸다. 안전하게 돌아갈 수 있을 때가 되면 히페름네스트라가 횃불로 신호를 보내기로 했기 때문이다. 마침내 히페름네스트라의 횃불이 밝혀지고 린케우스는 고국으로 무사히 돌아갈 수 있었다. 훗날 아르고스인들은 이를 기리기 위해 린케우스의 또 다른 아들 리르코스의 이름을 따서 '리르케이아'라고 불리는 언덕 위에서 횃불 축제를 열었다.(또 다른 설에 따르면 리르코스는 린케우스의 아들 아바스의 서자라고도 한다.)

### 아르고스의 왕이 된 린케우스

얼마 뒤 린케우스가 군대를 이끌고 아르고스로 쳐들어와서 다나오스왕을 죽이고 그 딸들도 히페름네스트라만 빼고 모두 죽였다. 죽은 다나오스의 딸들은 남편을 죽인 죄로 저승에서 구멍 뚫린 항아리에 영원히 물을 채워야 하는 형벌을 받았다.

이 신화의 결말에는 또 다른 이야기도 있다. 그에 따르면 히페름네스트라는 린케우스를 살려 보낸 일이 발각되어 재판을 받게 되었지만 아프로디테 여신으로부터 무죄 판결을 받고 풀려날 수 있었다. 그러자 다나오스가 린케우스와 화해하고 그를 진정한 사위로 받아들였다. 린케우스는 다나오스가 죽은 뒤 아르고스의 왕이 되었다. 린케우스와 히페름네스트라 사이에서는 린케우스에 이어 아르고스의 왕위에 오르는 아들 아바스가 태어났다.

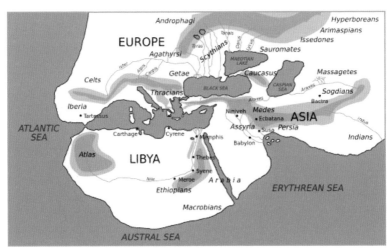

헤로도토스 세계지도(기원전 5세기)

# 린케우스 Lynceus, 왕자

## 요약

그리스 신화에서 디오스쿠로이(제우스의 아들들) 형제와 관련하여 등장하는 인물이다.

쌍둥이 형제 이다스와 함께 아르고호 원정과 칼리돈의 멧돼지 사냥에 참가하였다. 레우키포스의 딸들 문제로 사촌형제 디오스쿠로이와 싸움이 벌어져 폴리데우케스의 창에 찔려 죽었다.

## 기본정보

| 구분 | 왕자 |
|------|------|
| 상징 | 천리안 |
| 외국어 표기 | 그리스어: Λυγκεύς |
| 관련 신화 | 아르고호 원정, 레우키피데스의 납치 |

## 인물관계

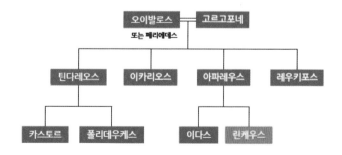

린케우스와 이다스의 아버지 아파레우스왕은 스파르타의 왕 오이발로스(혹은 페리에레스)와 고르고네 사이에서 난 아들로 틴다레오스, 이카리오스, 레우키포스 등과 형제지간이다. 따라서 카스토르와 폴리데우케스 형제는 린케우스와 이다스 형제의 사촌들이다.

## 신화이야기

### 천리안 린케우스

린케우스는 메세네의 왕 아파레우스와 아레네 사이에서 태어난 아들로 이다스와 쌍둥이 형제이다. 이들 두 형제는 디오스쿠로이(카스토르와 폴리데우케스) 형제와 마찬가지로 늘 함께 붙어 다니며 아르고호 원정에도 참여하고 칼리돈의 멧돼지 사냥에도 참가했다.

이다스가 힘이 세기로 유명하였다면 린케우스는 뛰어난 시력으로 유명했다. 그는 성벽이나 참나무의 내부도 꿰뚫어 볼 수 있었고 지하의 광맥도 눈으로 찾아낼 수 있었다. 그래서 후대의 학자들은 린케우스를 최초의 광부로 보기도 한다. 그가 '땅 속까지 볼 수 있는 자'라는 별명을 얻을 수 있었던 것은 땅 속 깊숙이 파고 들어가 등불을 밝히고 광맥을 찾아냈기 때문이라는 것이다.

### 디오스쿠로이와의 싸움

린케우스와 이다스는 레우키포스의 딸들(레우키피데스)인 사촌누이 포이베, 힐라에이라와 각각 약혼한 사이였다. 그런데 마찬가지로 이 두 처녀를 좋아하고 있던 카스토르와 폴리데우케스가 먼저 그녀들을 납치하여 스파르타로 데려가서는 아내로 삼아 버렸다. 이 때문에 역시 사촌지간인 쌍둥이 형제들 사이에 싸움이 벌어졌다. 싸움은 함께 도둑질한 소떼의 분배 문제를 빌미로 시작되었다.

**레우키포스의 딸들을 납치하는 디오스쿠로이**
로마 시대 석관의 부조, 160년경, 볼티모어 월터스 미술관

훔친 소를 한 마리 잡아서 넷이 함께 식사를 할 때 이다스가 갑자기 한 가지 제안을 했다. 자신의 몫인 소 4분의 1마리를 가장 빨리 먹어 치우는 사람이 소떼의 반을 갖고, 두 번째로 빨리 먹은 사람이 나머지 반을 갖도록 하자는 것이었다. 그런데 이다스의 제안은 거의 선언에 가까운 것이었고 식성에 관한한 이다스와 린케우스를 도저히 따를 수 없었던 폴리데우케스와 카스토르 형제는 고스란히 소떼를 빼앗기고 말았다.

화가 난 폴리데우케스와 카스토르는 얼마 뒤 이다스와 린케우스가 가져간 소떼를 다시 훔쳐서 달아났다. 이들을 추격하던 린케우스와 이다스 형제는 린케우스의 뛰어난 시력을 이용해서 숲 속 동굴에 숨어 있는 디오스쿠로이 형제를 찾아냈고 사촌형제들 사이에 목숨을 건 전투가 벌어졌다. 이 과정에서 카스토르가 이다스의 창에 찔려 숨졌고 분노한 폴리데우케스는 린케우스를 찔러 죽였다. 폴리데우케스는 린케우스와 싸우는 과정에서 심한 부상을 당해 곧 이다스에게 죽임을 당할 처지에 빠졌지만 제우스가 개입하여 이다스를 벼락으로 내리쳐 죽였다. 폴리데우케스는 백조로 변한 제우스가 레다를 취해서 낳은 아들이었던 것이다.

두 아들 이다스와 린케우스가 모두 후사 없이 죽어 버리자 메세네의 왕 아파레우스는 왕위를 물려줄 자식이 아무도 없었다. 결국 메세네 왕국은 필로스의 네스토르(혹은 그의 아버지 넬레우스)가 이어받았다.


## 신화해설

디오스쿠로이는 '제우스의 아들들'이라는 뜻으로 틴다레오스의 아내 레다와 제우스 사이에서 태어난 쌍둥이 형제를 말한다. 이들은 신화시대의 젊은 귀족 무사들의 삶을 누구보다 잘 보여 주는 영웅으로서 거칠고 위험한 모험을 즐긴다. 이들의 열렬한 팬들이 생겨나기 시작했던 그리스 고전시대에는 무사적 생활 양식이 이미 흘러간 과거의 일이 되었지만 고대의 청소년들은 마치 오늘날의 청소년들이 중세의 기사를 꿈꾸듯 이들을 동경했다.

이다스와 린케우스 형제는 디오스쿠로이의 연장선상에 있는 비슷한 유형의 신화 속 인물로 볼 수 있다.

•참고문헌•

게롤트 돔머무트 구드리히; 〈신화〉

게르하르트 펑크; 〈그리스 로마 신화 속 인물들〉

괴테; 〈파우스트 II〉, 〈가니메드〉

논노스; 〈디오니소스 이야기〉, 〈디오니시아카〉

단테; 〈신곡 지옥편〉

디오니시오스; 〈로마사〉

디오도로스 시켈로스; 〈역사 총서〉

레싱; 〈라오코온〉

로버트 그레이브스; 〈그리스 신화〉

루키아노스; 〈대화〉

리비우스 안드로니쿠스; 〈오디세이아〉

리코프론; 〈알렉산드라〉

마르쿠스 바로; 〈농업론〉, 〈라틴어에 관하여〉

마리 셸리; 〈프랑켄슈타인〉

마이어스 백과사전, '바실리스크'

마이클 그랜트; 〈그리스 로마 신화사전〉

마크로비우스; 〈사투르날리아〉

몸젠; 〈라틴 명문 전집〉

밀턴; 〈실락원〉, 〈코머스〉

베르길리우스; 〈농경시〉, 〈목가〉, 〈아이네이스〉

보카치오; 〈데카메론〉

비오 2세; 〈비망록〉

세네카; 〈파에드라〉

세르비우스; 〈베르길리우스 주석〉

셰익스피어; 〈한여름 밤의 꿈〉

소포클레스; 〈오이디푸스 왕〉, 〈콜로노스의 오이디푸스〉, 〈안티고네〉, 〈수다(Suda)
          백과사전〉, 〈에피고노이〉, 〈트라키아의 여인〉, 〈텔레포스 3부작〉, 〈필록
          테테스〉, 〈테레우스〉, 〈엘렉트라〉, 〈아이아스〉

솔리누스; 〈세계의 불가사의〉

수에토니우스; 〈베스파시아누스〉

스테파누스 비잔티누스; 〈에트니카〉

스트라본; 〈지리지〉

실리우스 이탈리쿠스; 〈포에니 전쟁〉

아라토스; 〈천문〉

아르노비우스; 〈이교도들에 대해서〉

아리스타르코스; 〈호메로스의 일리아스 주석〉

아리스토파네스; 〈개구리〉, 〈여자의 축제〉, 〈정치학〉, 〈벌〉, 〈아카르나이 사람들〉,
　　　　　　〈여자들의 평화〉

아리안; 〈알렉산더 원정〉

아엘리안; 〈동물 이야기〉

아우구스투스; 〈아우구스투스 업적록〉

아우구스티누스; 〈신국〉

아이소푸스; 〈우화〉

아이스킬로스; 〈아가멤논〉, 〈자비로운 여신들〉, 〈결박된 프로메테우스〉, 〈오레스테
　　　　　　스 3부작〉, 〈자비로운 여신들〉, 〈제주를 바치는 여인들〉, 〈탄원하는
　　　　　　여인들〉, 〈테바이 공략 7장군〉, 〈오이디푸스 3부작〉, 〈페르시아 여
　　　　　　인들〉

아테나이오스; 〈현자들의 식탁〉〈현자들의 연회〉

아폴로니오스 로디오스; 〈아르고나우티카〉, 〈아르고호의 모험〉, 〈황금양피를 찾아
　　　　　　떠난 그리스 신화의 영웅 55인〉

아폴로도로스; 〈비블리오테케〉, 〈원전으로 읽는 그리스 신화〉, 〈아폴로도로스 신
　　　　　　화집〉

아풀레이우스; 〈황금의 당나귀〉

안토니누스 리베랄리스; 〈변신이야기 모음집〉

안티클레이데스; 〈노스토이(귀향 서사시)〉

알베르트 카뮈; 〈시시포스의 신화〉

에리토스테네스; 〈별자리〉

에우리피데스; 〈레수스〉, 〈안드로마케〉, 〈크레스폰테스〉, 〈안티오페〉, 〈크레스폰테스〉, 〈알케스티스〉, 〈메데이아〉, 〈감금된 멜라니페〉, 〈현명한 멜라니페〉, 〈이피게네이아〉, 〈헤라클레스의 후손들〉, 〈오레스테스〉, 〈힙시필레〉, 〈박코스 여신도들〉, 〈트로이 여인들〉, 〈멜레아그로스〉, 〈키클롭스〉, 〈페니키아 여인들〉, 〈헬레네〉, 〈화관을 바치는 히폴리토스〉

에우세비우스; 〈복음의 준비〉

에우스타티우스 〈호메로스 주석집〉

오비디우스; 〈변신이야기〉, 〈헤로이데스〉, 〈달력〉, 〈로마의 축제일〉, 〈사랑의 기술〉

요한 요하임 빙켈만; 〈박물지〉

월터 카우프만; 〈비극과 철학〉

이시도루스; 〈어원지〉

이진성; 〈그리스 신화의 이해〉

임철규; 〈그리스 비극, 인간과 역사에 바치는 애도의 노래〉

작자 미상; 〈아르고나우티카 오르피카〉

작자 미상; 〈호메로스의 찬가〉

제프리 초서; 〈캔터베리 이야기〉

존 드라이든; 〈돌아온 아스트라이아〉

존 키츠; 〈라미아〉

최복현; 〈신화, 사랑을 이야기하다〉

카를 케레니; 〈그리스 신화〉

카시우스 디오; 〈로마사〉

칼리마코스; 〈데메테르 찬가〉, 〈제우스 찬가〉

퀸투스 스미르네우스; 〈호메로스 후속편〉

크리스토퍼 말로; 〈포스터스 박사의 비극〉

크세노폰; 〈헬레니카〉, 〈테로크리토스에 대한 주석집〉

클라우디우스 아에리아누스; 〈다채로운 역사(varia historia)〉

키케로; 〈신에 관하여〉, 〈의무론〉

토마스 불핀치; 〈그리스 로마 신화〉

투키디데스; 〈펠로폰네소스 전쟁사〉, 〈역사〉

트제트제스; 〈리코프론 주석집〉

티투스 리비우스; 〈로마건국사〉

파르테니오스; 〈사랑의 비애〉

파우사니아스; 〈그리스 안내〉

파테르쿨루스; 〈로마사〉

포티우스(콘스탄티노플); 〈비블리오테카〉

폴리아이누스; 〈전략〉

프로페르티우스; 〈애가〉

플라톤; 〈국가론〉, 〈향연〉, 〈고르기아스〉, 〈프로타고라스〉, 〈파이드로스〉, 〈티마이
　　　오스〉, 〈파이돈〉

플루타르코스; 〈모랄리아〉, 〈사랑에 관한 대화〉, 〈로물루스〉, 〈사랑에 관한 대화〉,
　　　〈영웅전-로물루스편〉, 〈영웅전-테세우스편〉, 〈강에 대하여〉

플리니우스; 〈박물지〉

피에르 그리말; 〈그리스 로마 신화사전〉

핀다로스; 〈네메이아 찬가〉, 〈올림피아 찬가〉, 〈피티아 찬가〉

필로스트라토스; 〈아폴로니오스의 생애〉

헤라클레이토스; 〈단편〉

헤로도토스; 〈역사〉

헤시오도스; 〈신들의 계보〉, 〈여인들의 목록〉, 〈헤라클레스의 방패〉, 〈일과 날〉

헤시키오스; 〈사전〉

호라티우스; 〈서간문〉

호메로스; 〈일리아스〉

히기누스; 〈이야기〉, 〈천문학〉

히에로니무스; 〈요비니아누스 반박〉

# 그리스 로마 신화 인물사전 2

1판 1쇄 인쇄 2020년 9월 10일
1판 1쇄 발행 2020년 9월 25일

지은이 박규호, 성현숙, 이민수, 김형민


디자인 씨오디
지류 상산페이퍼
인쇄 다다프린팅

발행처 한국인문고전연구소   발행인 조옥임
출판등록 2012년 2월 1일(제406－251002012000027호)
주소 경기 파주시 미래로 562 (901－1304)
전화 02－323－3635 팩스 02－6442－3634 이메일 books@huclassic.com

ISBN 978－89－97970－57－5 04160
      978－89－97970－55－1 (set)